田中真紀

子育てレシピ

kosodate recipe

健全な脳を育む働きかけ

論創社

はじめに

今、この本を手に取ってくださった方は子育て中でしょうか？　何か子育てに役に立つヒントがあればとページを開いてくださったのでしょうか。

子どもを育てるのは大変なプレッシャーで、いつも、自分の育て方や子どもの様子に不安があったり、正解を探したりしていませんか？　私がそうでした。

私は、そんなすべての皆さんの気持ちを抱きしめたい思いです。

「大丈夫。お子さんはいい子に育ちますよ。すべての心配や問題は解決しますよ」と語りかけたいです。

私はちょっと難しい子を育てました。頑張っても頑張っても、ずっと不安で心配で、悲しんだりしていました。その七転八倒の子育ての経緯は本編で話すとして、「なんとかしたい」ともがいた中で、ついに、その**ほとんどが解決するすごいこと**を発見しました。それをお話ししたくてこの本を執筆することにしました。

私の子育て一番の課題は、「息子の頭をなんとかしたい」でした。平たく言うと、わが子は、頭が悪かったのです。

「どうしたら頭が良くなるのか?」

それがずっと私の課題でした。


頭を良くする方法はあるのでしょうか?

世間一般には、「努力すること、たくさん勉強すること」が大前提とされています。

私も、人の成長には努力が不可欠だと思っていました。しかし学校では、全員が同じ先生から、同じ教材で、同じ時間、同じ話を聞いているのです。それなのに、すぐにわかって帰ってくる子と、全然わからないまま帰ってくる子とがいます。

「なぜ? 勉強量、努力量だけではないのではないか?」いつも疑問でした。

私が息子との体験から発見したことは、「**頭を良くする方法は、努力だけではない**。

その前にできる簡単な方法があった！」ということです。

そしてそれは、極めて当たり前で簡単なことでした。誰でもできて、子どもも本人も親も苦労せずに「いい頭をつくる」方法があったのです。

そんな方法を、私と息子がたどってきた道とともに、この本でお話しします。

「誰でもできて、誰も気づいていなかった、ほとんどの問題が解決する方法」を、ぜひ知っていただきたい思います。

今子育て中の皆さんが必要のない不安を持ったり、子どもたちが悲しい思いをしたり、自己評価が下がったりしないですみますように。心身ともに健康で、毎日を楽しく、夢を持って過ごせますように。それが私の願いです。

この本を手に取ってくださった方が、子育てのヒントを何かつかんでいただけることを心よりお祈りいたします。

なお、これからお話しする内容は、医学的根拠に基づくものではなく、あくまで、私個人の体験からお伝えするものです。

子育てレシピ——健全な脳を育む働きかけ◇もくじ

第2章 まずは健康づくりから 35

第3章 「じゅけん」という挑戦 65

エピローグ

付録

装画・挿絵／田中真紀

子育てレシピ

健全な脳を育む働きかけ

第 1 章

うちの子は発達障害だった

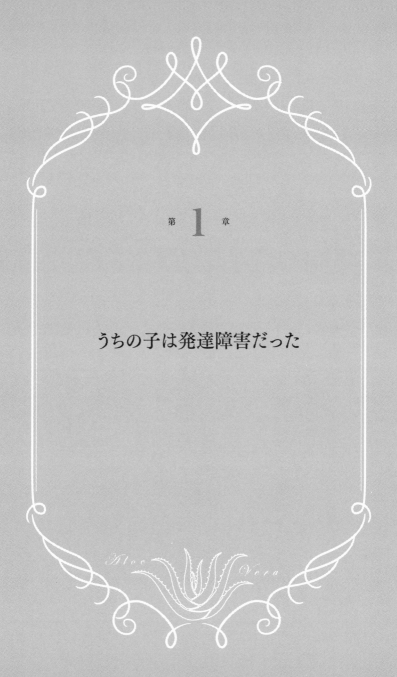

1 笑ってほしい

私の息子、コウタロウは、お腹の中にいる時から数多くの問題を抱えていました。流産しかかったこともありましたし、つわりも他の人に比べるとひどく、臨月になっても続いていました。妊娠中毒症のため何回となく入退院を繰り返し、そのたびに、利尿剤などの点滴を受けました。

「お腹の子は無事に生まれてくるのだろうか」

そう思ったこともありました。

やはり出産も大変でした。12時間かけてようやく生まれました。

生まれてきた男の子は、黄疸がひどく、新生児カプセルに入れられ、光線のようなものを浴びていて、私と一緒に退院することはできませんでした。

それでも、五体満足に生まれたと安心していました。

その時はわかりませんでしたが、今は、**「六体満足」でないと安心できない**と思っています。六体目は、**生まれた時には見えない「頭の中」です**。

家に連れて帰ってきて、赤ちゃんとの暮らしが始まります。そうしたらまた大変でした。

泣き止まないのです。ずっと抱いてあやしているような毎日です。寝たと思ってベビーベッドに入れるとすぐに泣く。なかなか寝てくれない。マンション暮らしだったので、夜中はご近所の迷惑になると思い、息子を抱いて近くの河原を散歩して、やっと寝たと思って戻りベッドに入れると、また泣く。こんな調子で、私はほとんど睡眠をとることができませんでした。疲れ果て、ノイローゼのようになっていたと思います。夜中、近所の神社の賽銭箱に、お財布に入っているお金を全部入れたこともあります。

「この子を寝かせてください！」

今思えばもったいなかったのですが、その時は本当に辛かったことを覚えています。

そのうち、息子が「**笑わない**」と気づきました。

あやしても反応がない、笑わないのです。おもちゃを目で追うこともなく、なんとなくいつもボーッとしているような感じでした。

なんとか笑わせたい、反応を見たい。その一心で、いろいろなことをしました。ベビーベッドの赤ちゃんの頭上でクルクル回るおもちゃ（メリーゴーラウンド）を買い換えてみたり、大げさな声であやしたり、呼びかけたり、音楽を鳴らしてみたり……。しかし、なかなかはっきりした反応はありません。少しも笑ってはくれませんでした。

また、皮膚も弱く、おむつかぶれがひどく、皮膚科を廻りいろいろ試しました。ミルクを飲んでも、げっぷがうまくできず、すぐ吐き出してしまいます。

本当に何もかも大変な気がして、

「**どうしてこんなに大変なんだろう。この子は、どこかおかしいのか……**」と、漠然とした不安を抱えながら育てていました。

生後4か月ほど経過したある日のことです。昼下がり、ベッドに仰向けに寝ている息子をあやそうと、タオル地でできた小さなニギニギ人形を、

「ズン、ズン、ズン！」

と声をだんだんに大きくしながら近づけると、初めてケタケタと笑ったのです！

どうしてかわかりませんでした。目がついているものが近づいたら笑うの？

わかりませんが、とにかく笑ってくれたということが嬉しくて、何回も何回もやりました。普通の赤ちゃんならごく当たり前のことが、私には、特別に嬉しいできごとでした。

しかし、その後も相変わらずで、身体を大きく動かして喜んだり、跳ねたり、声を上げて笑ったりなどの赤ちゃんらしい反応はあまりなく、テレビでＮＨＫの幼児番組を見せても、ボーっと眺めているだけのようでした。

なんとか脳に刺激を与えて、発達させようとする日々が始まりました。

2 10まで数えるのに3年かかった

脳に少しでも刺激を与えようとしていたので、音楽をかけたり、ずっと話しかけたりしていました。特に、本の読み聞かせはたくさんしていました。聞いているのかいないのかわからない感じでしたが、息子を膝の上に抱き、絵本や図鑑を読んで聞かせます。

その成果か、言葉の習得は早かったと思います。1歳半の頃には、物の名称もたくさんわかるようになり、二語文でお話できるようになりました。

「読み聞かせの効果が出ているに違いない」

そう確信しました。図書館に通い、小学校低学年くらいまでは、毎日最低5冊と決めて、毎晩必ず読み聞かせを続けました。

2～3歳くらいの頃には、就寝時間になると、「ヨッコラショ」と何冊かの本を持ってきて、ベッドの私のお腹の上にドサッと置き、コロンと私の腕の中に入り、「この本から読んで」と言っていました。そして聞きながら眠りにつくのが日課でした。

しかし、**数の理解は本当に苦手**でした。

私はいつなんどきも子どもに話しかけ、いろいろ教えていたので、数に関する働きかけも数々していました。お散歩しながらも電信柱やマンホールを数え、階段は必ず数えながら上がります。また、公園でドングリを拾ったらその数を数え、お風呂でも毎晩必ず10までの数唱をしているのに、3歳になっても10まで数えることはできませんでした。

0歳から、毎日毎日やっているのに！　3歳になっても！
10まで言えないのです!!!

奇しくも、私の妹は私と同じ月に子どもを産みました。女の子です。そんなつもりはなくても、子育て中はことあるごとに子どもの成長を比べるような気持ちになってしまいます。妹の子は身体は小さいのに、中身は息子よりずっとしっかりしていて、頭も良く、3歳になる頃には本もすらすら読み、数だって一万くらいまで数えられそうでした。よく人を見ているし、気が利いていて、すぐにでもお嫁に行けそうなくらいです。うちの息子と比べると……とつい悲しくなってしまいます。

また、その姪の2歳下に男の子も生まれました。

ある時、妹母子が何日かわが家に泊まっていったことがありました。

食事に出かけた際、レストランの階段を上がる時、私がいつものように、

「いち、に、さん……」

と、数え始めたら、1歳を過ぎたくらいでまだろくにしゃべれもしない甥っ子が、

「ごう、ろく、しち……」

と、声を合わせ始めました。

びっくりしました。教えたわけでもないのに、私が息子に何度も言わせているのを

聞いていただけで、3日もたたずに数唱できるようになっていたのです。

「すごい！　ゆうちゃん、天才なんじゃないの？」

私は誉めましたが、内心、悲しい気持ちになりました。

（コウタロウには3年も教えているのに）


数の大小も同じでした。ドングリを右手に2個、左手に5個のせて、

「どっちが多い？」

と聞くと、息子はじーっと見ているだけなのに、甥っ子はいとも簡単に、

「こっち」

と左手の方を指さします。

ため息が出ました。

（コウタロウは何回やってもわからない。頭の良い子がうらやましい……）

たびたびそう思いました。

3 落ち着きがない

行動面でも不安なことがたくさんありました。

初めて公園に連れて行った時、砂場に下ろしたらいきなり、砂を他の子に投げ始めました。私はきつく叱りましたし、周りの方に謝ってすぐに立ち去りました。それ以前にも、姪と一緒の時に、息子は意味もなく姪を叩いたり髪の毛を引っ張ったりして、あちらの姑に「この子は怖いわ」と言われたことがありました。その時もきつく叱りました。私は恥ずかしく、情けなくなりました。そして、「この子は凶暴なのではないか？」という不安も生まれました。

動きも落ち着きなく、ぐずり出すとなかなか泣き止まず、手足をバタバタして怒っているようになるし、手に負えない時も多々ありました。

歩けるようになると、ずっとぐるぐる歩いて動いているので、じっとさせるのは大変でした。思うようにならないと、キーっと泣き出したりするのですが、かといって外で好きなようにさせるわけにはいきません。分別がつかなくても、その時にわかってもらわなければ人に迷惑をかけてしまいます。どうにか言うことを聞いてもらいたいと格闘していた時、**しつけに関する考え方をしっかり持てるようになるきっかけ**がありました。

ある日、お友達とある方のお宅にお邪魔した時でした。

そのお宅では、非常に大きなドーベルマンを飼っていました。玄関ですぐにその黒くて精悍な顔つきの犬と出くわした私が少し怯えているのを見たその家のご主人は、

「大丈夫です。とても厳しくしつけてありますから、どんな時も必ず私の言うことを聞きますよ」

と言い、見ていてくださいと言いながら、ドーベルマンにお座りをさせて、その目の前に、肉をのせた皿を置きました。そして、手のひらを犬の顔に向け、

「待て！」と言いました。

「このままずっと我慢しますよ。私が〃よし〃と言うまで絶対に食べません。見ていてください」

と言い、私たちは食事をしながら懇談に入りました。

一時間経ってもご主人は「よし」を言いません。私はちらちら犬の方を見ていました。その犬はじっと動かず、でも餌を見てはよだれをたらし、明らかにものすごく我慢していました。私は、犬がかわいそうだとも思いましたが、それよりもその我慢の様子に心から感心しました。

（すごい、ちゃんと我慢してる。ほんとに偉い）

ご主人は犬を待たせているのを忘れているかのように食事と会話を楽しみ、私たちもとうとう犬のことを忘れて楽しい時間を過ごしていました。

ところが、突然、犬がパクっと餌を食べてしまったのです。飼い主のご主人は驚き、どうして勝手に食べたんだ！　と、激しく犬を叱っていました。

しかし、おかしい、食べるはずがない、と、いろいろ考えたあげく、私たちはあることに気づいたのです。直前の会話の中で、ご主人が、

「あちらの奥さんは容姿端麗だ」と言ったのです。

なんと犬は、〝ようしたんれい〟の〝ようし〟を、「よし」と聞き違えたのです！

犬は2時間もの間、その言葉を聞き逃さないくらいに、ご主人の言葉に耳を傾け続け、ひたすらじっとして「よし」の言葉を待っていたのです。

「獰猛な犬ですから、**しつけを厳しくしてやらないと、この子が悲しい目に合うことになる**のです」と言っていました。

私は「**犬だってしつければ言うことを聞くようになるのだから、人間がしつけられないわけはない**」と思いました。

「ダメなものは絶対ダメ」をくずさないようにしよう！ と考えました。そうしないと、将来この子が恥ずかしい思いや悲しい思いをすることになる。

私はその頃には、「息子は頭が悪い」ということがはっきりわかっていましたから、「この時はいいけど、この時はダメ」が、わかるわけがないと思い、**例外はなし！ ダメなことはダメ！** を貫こうと決めました。

外食の時は、絶対に椅子からぬけてどこかへ行ってしまわないようにしました。ワンタッチ椅子（小さい子を入れて机に取り付けられるようになった携帯椅子）がない時は、私の服のベルトを使い、レストランの椅子と子どもを縛っておきました。騒いだら叱りました。子どもがどんなに嫌がっても、「仕方ないな、今回は特別よ」は絶対になし。皆が食事が終わるまではここにいなくてはならない、とわかってもらうまで許しません。子どもが飽きないように、おもちゃやペンや紙や本などいろいろ用意して頑張りました。

子どもを縛っている様子を見た人に、「非人道的な扱いだ」と言われたこともあります。理想は子どもに話をして理解してもらうことだと、私もわかっています。私だって話して諭して落ち着いていてくれる子なら無理に縛るようなことはしません。でも仕方がないのです。「嫌だ」と言い出したら、もう話を聞ける状態にはならなかったのです。

外を歩く時も同じです。バギーから降ろすとぱーっとどこかへ行ってしまいますし、勝手にバギーから降りようとしたりします。公園のような安全な場所ならいいのですが、車がくるようなところで走られると危ないし、名前を呼べばすぐに戻ってくるわけではなかったので、困りました。そこで、私はなるべくバギーは使わず、買い物などに出かける時はしっかりと手をつないで歩くことにしました。

狭い歩道は、絶対に手をつないで歩かなければ危険です。どんなに嫌がっていても手を離すわけにはいかないのです。お歌を歌いながら、道端の草や花を見ていろいろ話しながら、虫を見つけたり、蟻を観察したりしながら、マンホールや電柱を数えながら……。とにかく飽きないように、目的地まで一緒に行くのです。勝手に行ってはダメ。

でも、公園など、自由に動ける場所では「行っていいよ」と手を離すので、子どもの方もわかってきます。「**今はダメ、我慢。でも、大丈夫な時はちゃんと許してもらえる**」。それが少しずつですが、わかってくるのです。


そして、我慢ができたらいっぱい誉めてあげました。ギュッと抱きしめながら、本当に嬉しい気持ちを伝えます。

「みんなが食べ終わるまで静かにできたね。偉かったね～」

「勝手に行かないで偉かったね。ママとずっとおててをつないでいてくれてありがとう。おにいさんになったね～」


落ち着きのない子をじっとさせるのは大変です。なぜか身体が動いてしまうし、それを我慢することができないのです。

ある時、お友達のご主人の実家で飼っている猫は、元は野良猫だと聞きました。犬

ならともかく、猫を飼い馴らすのは無理ではないか？　と私が聞いたところ、

「庭を通りかかった猫を捕まえて、もちろん嫌がるから、逃げないように家の柱に縛りつけておいたら、何日かで解いても逃げなくなって、飼い猫になった」

と言うのです。

人間だって同じ、**動けないとわかれば、じっと座っていられるようになる**のではないか、と私は思いました。そこで、レストランなどでは紐で椅子に縛って、「**ここでは動けない**」ことをわかってもらおうとしたのです。何か月かすると、コウタロウは少しずつ座っていられるようになり、「じっとできる子」「我慢できる子」になっていきました。

4 絶望的な診断が

幼稚園に入る頃になっても、できないことだらけでした。

上履きに履き替えることができない、スモックに着替えることもできない、巾着袋にコップを入れることもできない、毎朝のはとぽっぽ体操も全くしない。

幼稚園のお迎えのたびに、先生から注意を受けました。

「今日もお遊戯はしませんでした。お絵かきもしようとはしませんでした」

「おうちでのしつけはどうですか？　お母様が甘やかして、何もやらせていないのではないですか？」

やらせています。言い聞かせています。と言いたいのですが、現に息子はできていません。教えても練習してもできないのです。

妊娠中毒症のために私は一人しか子どもを産めなかったのですが、「一人っ子だから甘やかしている」と思われて、「何度注意してもできないダメ母親」と、**母親失格のレッテルを貼られた**ような、悲しい幼稚園生活でした。

就学年齢になり、近くの区立小学校に入学することになりました。新入学児面接などの時にも先生から首をかしげられていましたが、区立は入れてもらえるのでありがたいです。

でも、本当に心配でした。幼稚園とは違います。小学校は勉強をするところですし、先生だって、息子だけにそんなに手をかけてはいられません。実際、数々の試練、問題がありました。連絡帳には何も書いてこない、上着を着て行ったことを忘れ、置いてきてしまう、などなど……。音楽室への移動の途中でいなくなってしまった、なんてこともありました。集団の中で話をちゃんと聞くことは難しいようでした。

夏前頃、絵本に出てくる「天狗の遠眼鏡」をサランラップの芯でやろうとした時、息子は芯を目に当てても真っ直ぐにしないものだから覗けず、その場をぐるぐると回っていました。

その姿を見て、

「やはりおかしい。おかしすぎる。**普通の〝わからない〟を超えているのではないか**」

と、強く思いました。幼稚園から今までのすべてを考えても、何か「ちょっとできない子」の範囲ではないのではないか、と思いました。

今まで、保健師さんも保育士さんも、誰もその「おかしさ」に答えを出してはくれませんでしたが、私はじっとしていられない気持ちになり、図書館に行きました。

その頃耳にするようになった「学習障害」の言葉を頼りに、さまざまな文献にあたっていきました。「学習障害とはちょっと違うな」「この本もちょっと違う」……教育関係の文献では、息子の状況に合った内容を見つけることができませんでしたが、ある本に、私の知りたかったことが書いてありました。小児科の医師のために書かれた、学術書のようなぶ厚い本でした。この本に、息子の状態そのもののような事例がいくつか書かれていたのです。

その電話帳のような本を何冊か借りて帰り、夜中まで読みふけりました。

「もしかして……」

その厚い本何冊かをテーブルに積み重ね、それを見つめながら茫然とし、何か**大きな黒い雲が覆いかぶさってくるような怖さ**を感じました。

翌日、その本を監修していた医師の勤務する都立梅ヶ丘病院に電話で予約を取りました。梅ヶ丘病院は今はなくなってしまいましたが、当時はほとんどなかった、そういう子どもを診てくれる専門の病院だったようでした。

3日間に及ぶ検査でした。各種知能テストや運動機能テスト、行動観察など、もちろん脳波の検査もありました。

その結果を、医師から告げられました。

「**脳の発達障害**です。多動があり、注意欠陥があり、ＡＤＨＤの部類に入るでしょう。

知能の遅れも少しあります。今で3~4歳の理解度、小学6年生になっても小学校低学年の知能にしかならないので、中学校では普通学級は難しいでしょう」

私にはまだ知識がなく、理解できずに、

「では、この先どうしたら治るのでしょうか？」と、聞きました。

優しい女医さんでした。気の毒そうに、ゆっくり、私を諭すように、

「お母さん、**これは障害なのです。病気ではないのです。治りません。**生まれつき手のない子に手が生えてこないのと同じだと思って諦めてください」

と言いました。

「手がなくても、足で鉛筆を持ったりできるでしょう？　この子のできることでなんとかやっていきましょう。少しずつ発達しますよ。でも頑張りすぎないでくださいね」

天気のとても良い日でした。医師の後ろにある大きな出窓からは明るい陽射しが差しこんでいました。

私は、その出窓に置かれているゼラニウムの花をぼーっと眺めながら、医師の話を聞いていました。

今まで、息子が皆と同じようにできないことを周りの人に理解してもらえることはなかったのですが、そこでは、私の話をちゃんと全部理解してもらえました。

「そうでしょうね、そうでしょうね。今まで大変でしたね」

「お母さんの育て方のせいではなかったのですよ。頑張ってきましたね」

「今この子が、この椅子にじっと座っていることだけでも、私にはお母さんの今日までの努力の様子が、手に取るようにわかりますよ」

私は医師の前でおいおいと泣きました。初めて努力を理解してもらい、ねぎらわれたのが本当に嬉しかったからです。

しかし、医師の診断は「**決して治ることはない**」という絶望的なものでした。

5 この子の将来はどうなるのか？

医師の「治らない」という言葉の意味は、病院の待合室で2～3時間も待っていると、他の子どもたちの様子でわかりました。中学生や高校生に見える子、きっと20歳を超えているだろう、大人に見える子も、親と来ています。落ち着きがなく、座っていることも難しい様子でした。

(これは大変なことになったな)

大きな問題を抱えこんだことをやっと自覚しました。

発達障害と診断を受け、3日3晩眠れず、考えました。

治らないのだから、ずっと親としてこの子を支えなければならない。でも、私たちが死んだ後、この子はどうやって生きていくのだろう。誰かのお世話にならなくてはならない。どれくらいお金を残せばこの子が最後まで人に迷惑をかけずに生きていけるのか？

私がざっと計算したところ、

「3億円くらい残さないと安心して死ねない」

ということがわかりました。

誰かずっと面倒をみてくれる人を探して、その方にずっとお礼をしていかなければならないし、住むところもいるし、食べるものもいるし、服もいる。病気にもなるかもしれない。とにかく経済のことも社会福祉のことも何も知らない主婦の私の計算ですから、合っていないかもしれないのですが、大真面目にこんな数字になりました。

私たちはバブルの頃に結婚したので、夫には1億円の生命保険をかけていましたが、

「全然足りない!!!」

私たちが死んだ後、息子が安心して生きられるお金を残せないと気づきました。

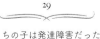

となると、**息子が自分で生きていけるようにしなくてはならない**。でなければ息子が困ることになる、と思いました。

そうだ、**自立させよう**。

とにかく、読み書き・そろばんができるようにして、最低でも中学校卒業くらいの学力はつけて、どこかに丁稚奉公に出せるようにしよう。

お釣りの計算くらいはできて素直であれば、きっと親切な商店の親父さんがどこかにいて、雇ってくれるかもしれない。

もしくは、区役所の障害者枠か何か（そんな枠があるかどうかすら知らなかったのですが）に入れてもらって、少しでもお給料をもらえるようになるかもしれない。とにかく自立できるように育てよう。そうするしかない。

その日から、「自立」が目標になりました。

「目指せ世田谷区役所！　頑張るぞ！　おおー!!」

一人でこぶしを上げ、夜が明け始めたリビングの真ん中に立ち上がりました。

では何を頑張るかというと、「公文式」のプリントです。
普通の子が3か月でできるところ、**1桁の足し算ができるようになるのに1年以上**かかり、のべ2000枚以上のプリントをやってもできませんでした。でも、**諦めずにやっていたらやっと次に進める**、そんなことの繰り返しでした。

その経験があったので、「**うちの子も繰り返し頑張ればできる。時間がかかっても、続けていればいつかできる日がくる**」と信じました。発達障害と診断されても、公文をこつこつ頑張っていれば、いつか中学校卒業くらいの学力はつくと信じ、嫌がる息子を励ましたりなだめたりしながら、毎日欠かさず公文だけはやらせていました。

ところが、夕方になって、
「さあ、公文をやりましょうね」と、座らせてプリントを前にすると、**咳が出てくる**のです。3歳から**喘息**《ぜんそく》があって、ストレスがあると咳が出ます。身体も痒くなってきて、首やお腹を掻き始めます。**アトピー体質**なのです。鼻水も出てきます。慢性鼻炎

なのです。咳をして、身体をあちこち掻いて、鼻をかんで、咳をして身体を掻いて鼻をかんで、という具合で、ちっとも落ち着いて鉛筆を持っていられないのです。

「これではだめだ」

人の何倍も努力しなくてはならないのに、これでは落ち着いて勉強ができないし、頑張れない。頭も悪くて身体も弱いのでは丁稚奉公に出せない。**せめて身体だけでも治さなくては……**と思いました。

そこで、かかりつけのアレルギークリニックに行き、

「症状を止める薬をもらうのではなく、

今度は本当に喘息とアトピーを治したいのです」

と、言いました。しかし、医師は平然と

「ああ、お母さん、アレルギー体質は治らないんですよね〜」と言うのです。

「はあ？」

医者が治せない？　治らない？

今までずっと通院してきたのに、その努力は何だったのか？

それならば、自分で治す！

治す方法を探していくしかないと、それからは身体治しにとりかかることになりました。

第 2 章

まずは健康づくりから

1 栄養素療法に出会って

喘息《ぜんそく》・アトピー・アレルギーの改善のため、そして体力をつけるため、いろいろと試す日々が続きました。身体にいいという話を聞けば何でも試してみました。味噌・塩・砂糖などの調味料も変え、石鹼・洗剤・浄水器・空気清浄器も変えました。

健康食品も有名なものから人に教えてもらったものまでいろいろと試しました。それぞれ3か月くらい続けてみては次のものへ変えてみたり、漢方薬を出してくれる医院に行って漢方薬を続けてみたり。とにかく考えつくことはすべて試し、アレルギー体質を改善しようと最善を尽くしました。

身体をなんとかしないと、とても勉強どころではない。

障害と診断されてから2年が経ちました。他の子との差もどんどん広がり、縄跳びができない、方向感覚が悪い、話が聞けていないなども、「まだ小さいから」という言い訳が通用しなくなってきます。早くなんとかしなくてはと、ますます焦り始めました。

そして、息子が小学校3年生になる春のことです。ついに、「**これは本当にすごい**」と思える食品に出会いました。

私の母が愛飲していた「**アロエベラジュース**」です。私は20代の時からその存在は知っていましたが、健康食品に対する偏見や価格の問題などで、いろいろな食品を試していたにもかかわらず、後回し後回しにしていました。でももう2年も経っている、息子が大きくなってきて時間がない、などの理由から、意を決して、この食品を長年愛飲し、欧米で何年も研究してきている方の講演を聞きにいきました。そこで聞いた必須栄養素の話、代替療法、食事療法の話が理論的で、衝撃でした。

「**食べたもので身体ができている**」

当たり前のことです。知っていましたから、食べものには注意していたし、苦労しながら息子には好き嫌いなく食べさせていました。おやつだって家ではスナック菓子をあげたこともなく、お芋やトウモロコシを蒸かしたり、キュウリに味噌をつけたものやトマトにしたりしていました。でも私は、本当のところをわかっていなかったのでした。

「食べているものの中に必要な栄養素がバランスよくそろっていれば、身体は良くしようとする働きがあるのだから、すべてが健全になる」

というのです。息子の喘息やアトピーが良くならないとしたら、食べているものの中に必須栄養素がそろっていないからだということなのです。

以下に、その時私が聞いて感動した言葉を書きます。

現代病のほとんどは栄養素不足から起こる。

46種類の必須栄養素を十分に、バランスよく摂っていれば、人間の身体を形成している個々の細胞は、新陳代謝を繰り返し、次々と新しい細胞に生まれ変わることができる。一部の脳細胞を除き、細胞は再生することが可能である。

体内のすべての細胞が必要とする十分な栄養素と酸素を摂取するならば、すべての細胞は健全で、すべての器官は健全で、その結果組織体も健全である。

米国のビタミン研究の第一人者であるロジャー・ウィリアムズ博士も、これと同じ主旨のことを著書『健康になるための栄養学早わかり――バランス良い栄養を摂るには（現代栄養学の世界2）』（中央公論社、1983年）で述べています。これはまさに、栄養素療法の神髄でした。

この仕組みが身体にあるのなら、必須栄養素を摂れば、喘息やアトピーなどのアレルギーは当然、簡単に改善できる、とはっきりわかりました。

私はついに、医者が治せないという**アレルギーを治す方法**を見つけたのです。

勉強会では、食事療法に最適な食品としてアロエベラジュースとポーレンとプロポリスという三つの食品を紹介していました。

そして、その摂取による数々の改善の報告が体験談としてありました。冷え性や便秘から、慢性病といわれる高血圧や糖尿病はもちろん、ガンなどの深刻な病にいたるまで、必要な栄養素をしっかり摂ることにより身体は自ら改善に向かう、実例の話です。そうした治療を専門としているアメリカの代替療法の病院の話も出ていました。

本当に衝撃でした。簡単なことではないか。医者に見放されてもアメリカに渡り代替療法の病院で治っている人がたくさんいるのに、どうして日本ではまだ知られていないのだろう。私も今まで知らずにこんなにも苦労をしてきた。本当に不思議でした。

勉強会では、「アロエベラジュースが一番良いのは頭なのよ」という言葉がありました。

「頭にいい？」

私の心が熱くなります。

認知症なのか、ボケの始まったご老人の症状が改善されたという実例の話を聞きました。

そのご老人は80歳を過ぎ、ほとんどぼーっと寝ているだけの状態で、トイレも自分では行けなかったそうです。きちんと食事をしているのに「まだ食べてない！」と何回も食べたがり、お嫁さんは出かける時に炊飯器を洗濯機の中に隠していたそうです。

「せめてお爺ちゃんの老人臭を消したい」と、お嫁さんがアロエベラジュースを飲ませていたところ、しばらくすると、寝たきり状態に近かったご老人が起き上がり、自分で着替えをしたり、トイレにも自分で行けるようになったそうです。そのうちにお隣のおばあさんをお茶に誘うようになり、お嫁さんが帰宅してみると楽しくお話をしているので、「隣のおばあさんと再婚したいの？」とお嫁さんが聞いたら、「あんなばあさんは嫌だ」と言ったそうです。そのくらい元気になって、しっかりしてきたということです。

「ご老人の脳にそんな影響が現れるなら、今、**成長期の息子の脳なら、なおさらいいのではないか**」

その時、そんな希望がうっすら私の心に生まれました。でも、それを期待するには私は傷つきすぎていたし、期待をする勇気もありませんでした。

ともあれ、大問題であった**喘息とアトピー、アレルギーを解決できる方法を見つけた！**　そのことははっきりとわかりました。

2 アロエベラ

500種以上あるアロエの中でも、ラテン語で「真実（vera）」を意味する名前をもつアロエベラは、健康と美に役立つアロエの代表といえます。古代エジプトの医学書にも記述があり、4000年もの昔から薬として人類に利用されていました。

日本でよく見るアロエは葉の細いキダチアロエですが、アロエベラはそれと比べると格段に大きく、分子量も10倍以上で、世界でアロエというとアロエベラのことです。大きい葉では長さ1m、重さは2〜3kgにもなるものもあります。亜熱帯気候、乾燥帯の過酷な環境で、**葉の中に豊かな水分と養分、ゲル質を蓄える生命力の強い植物**です。

その葉肉の中のネバネバ成分、多糖体（ゲル質）は、体内に入ると善玉菌を増やし、腸内環境を整え、栄養吸収力を上げ、免疫力を強化し、有害物質の排泄を促すデトックス効果があります。

また、アロエベラには**300種類以上もの栄養成分が含まれ**、その相乗効果によりもたらされる効能は、美肌美容効果、抗酸化作用、慢性炎症抑制作用、精神の安定化作用、制がん作用、血管・血液改善作用、脳細胞の活性化、種々の疾病の治癒力向上などなど、多岐にわたります。

アロエベラは自然食品であるため副作用がなく、幼児から高齢者まで広い世代が安心して利用でき、奇跡ともいえる健康状態の回復・改善が報告されていることにより、代替医療の処方箋として注目されています。また、アロエベラは「**スーパーフード**」

（栄養価が高く健康成分が多く含まれ、食品なのにサプリメントのような働きをするもの）のなかでも高い評価を得ていて、健康意識の高い人々のなかでも人気の食品です。

アロエベラジュースは、アメリカ・テキサス州などで3～5年栽培されたアロエベラの葉肉だけをまるごとそのままジュースにしたものです。緑の外皮に含まれる苦味成分のアロイン*は取り除いてあります。

＊　一般にキダチアロエの効能としていわれている便秘改善効果や健胃効果は、このアロイン成分のもので、アロインは医薬品として登録されています。体質により、キダチアロエの摂取でお腹がゆるくなることがあるのはこのためです。アロエベラジュースは、アロインを取り除いて葉肉のみをボトリングした食品で、広く愛飲されています。

3 ポーレン

ポーレンとは、**ミツバチが運んでくる花粉***のことです。

ミツバチは花々を回り花粉を集めて巣に持ち帰り、ミツバチ自身の酵素で花粉だんごを作り働き蜂の食べものとし、花粉をもとにローヤルゼリーも作っています。この花粉だんごはビーポーレンと呼ばれ、ロジャー・ウィリアムズ博士の提唱する46の**必須栄養素がバランスよく豊富にそろっている**ことにより、**パーフェクトフード**といわれています。私たちの健康にとって必要なあらゆる栄養素が含まれている自然食品は花粉の他になく、まさに自然の中の奇跡、長い人類の食べものの歴史の中で最後に登場した**驚異的な完全食品**ということができます。

花粉はめしべの先端に着くと花粉管を伸ばし始め、2～3日で1万倍にも成長します。その成長力と生命エネルギーから、ヨーロッパでは精力剤と考えられ、また、女性ホルモンのような働きをすることから、スウェーデンでは前立腺肥大に効果があるとして医薬品として認可されています。

生命の再生・維持に必要な栄養素が豊富につまっているポーレンは「**ミツバチの作ったスーパーフード**」としても広く世界で販売されています。

私たちが健康を維持するために必要な栄養素、タンパク質・ビタミン・ミネラル、人体内でつくることができない必須アミノ酸、酵素、核酸、抗酸化物質、その他の微量栄養素など**90種類以上の栄養素**が含まれ、その成分が様々な相乗効果を生み出しています。その健康作用は数多く、成長促進作用・抗酸化作用・アンチエイジング作用・美肌作用・抗

ん作用・疲労回復作用・整腸作用・血液サラサラ作用などなど。その結果、各種がん・糖尿病・肝臓病・更年期障害・成長障害・前立腺炎・前立腺肥大・生理不順・アレルギー・高血圧・動脈硬化・心臓病・自律神経失調症・胃腸疾患などなど種々の不調の改善の報告があります。

＊　花粉症の原因となるのは「風媒花粉」といって風によって運ばれる花粉のことで、虫や鳥が運ぶ「虫媒花粉」は花粉症の原因にはならないといわれています。栄養素豊富なビーポーレンは花粉症を改善する効果も報告されています。

4 プロポリス

プロポリスは、**ミツバチの巣から取り出される樹脂状の物質**です。ミツバチは樹木から集めた樹液や若芽に含まれる成分と、自分が分泌する唾液酵素を混ぜてプロポリスを作り、自分たちを雑菌やウイルスから守るために巣の入口や通路の隙間などに塗りつけます。プロポリスには高い抗菌力があり、ミツバチの巣の中には有害な菌がほとんどない状態に保たれています。その優れた抗菌作用により、プロポリスは「**天然の抗生物質**」と呼ばれています。

古代エジプトではミイラの防腐剤として使われ、その他にも、老化防止、傷の消毒・鎮痛や感染予防など、古代より人類に利用されてきた記録が残されています。

1991年、国立予防衛生研究所ウイルス室長の松野博士がプロポリスの抗がん成分を発表し、抗腫瘍作用を報告しました。その後プロポリスの薬効に関する研究も進み、制がん作用、抗がん作用は一般的にも知られるところとなっています。

プロポリスは、ビタミンやミネラルなどさまざまな有効成分を含んでいますが、中でもポリフェノールの一種であるフラボノイドは40種類以上も含まれています。フラボノイドは、老化や生活習慣病の原因といわれる活性酸素を除去する力、抗酸化力が非常に強く、

そのため、プロポリスは生活習慣病を予防・改善し、アンチエイジングに役立つ食品といわれています。

また、プロポリスは、NK細胞を増やし免疫力を活性化させるとの報告や、胃内ではピロリ菌を殺滅して炎症や潰瘍などを治癒させる効果があるとの発表もあります。

この他にも、抗菌・殺菌作用、抗がん作用、抗酸化作用、免疫活性化作用、インフルエンザなどの感染予防、抗炎症作用、鎮痛作用、抗アレルギー作用、抗ストレス作

用、美肌作用、造血作用などなど。フラボノイドや抗がん成分によるプロポリスの効能はさまざまあります。

このようにたくさんの効果がありながら、薬とは違って副作用の心配がないところが特徴です。

5 アロエベラジュースの力はすごい！

アロエベラジュースに巡り会って以来、さまざまな所で、詳しく勉強させていただく機会がありました。

世の中に身体に良いとされるものは、それは数多くあります。そして、現代科学の粋を集めて製造された人工的なサプリメントや食品も存在します。でも私は、口に入れるものが**天然であること**が何より大事だと思っていました。私たち人間は、地球にあるものを食べてサルの時から進化してきた生物です。**もともと地球上に存在しなかった人造のものは、長く摂取した場合、私たちにどのような影響を与えるか、まだわかっていません**。いくら科学が進歩したからといって、自然の造形のすべてを解き明かしたわけでもありませんし、生命の神秘は、まだわからないことの方が多いのか

もしれません。ヒトが作ったものは、10年後、20年後、１００年後、どうなるか誰にも見当がつきません。

それに対して、自然が育んだもの、野菜とか植物のような、**地球が創り出したもの、神様が創ったものは、長い人類の歴史において、人々が安全であると証明してきた食物**です。

その典型がアロエベラです。アロエベラは、日本では「医者いらず」、西洋では「奇跡の植物」と昔から称されてきました。アロエベラが身体に良いことは、長年の人類の経験値から広く認められているところです。

私が何より納得したのは、アロエベラには、**副作用がない**という点でした。

例えばお薬であったら、「◎歳児には○錠」「体重△kgの場合□錠」などと、服用量が決められています。お薬の場合、ある症状に対して適正な量を使用することで明確な効果が出る反面、この量や用法、飲むタイミングを違えると、副作用が出ます。

一方、食品であるアロエベラジュースは、誰が飲んでも、いつ飲んでも構いません。赤ちゃんでも、妊婦さんでも、病人でも、老人でも、そして息子のように障害をもつ人でも……。それは、アロエベラが野菜の一種だからです。

地球が育んだ天然の植物の力がいかに偉大なのかを痛感します。

6 本当にこれでよいのか

勉強会に参加して代替療法・栄養素療法を知り、アロエベラジュースやポーレン・プロポリスの食品としての力にもとても興奮し、すぐに始めようと思った私ですが、実は一度立ち止まっています。

勉強会で聞いた話の中で一番に感動したのは、人間は**食べたもので身体を作り癒し健康を保っている**という、当たり前のことです。また、その食べものの中に私たちがどうしても必要としている46個の栄養素がそろっていなければ、身体は本来の健康を維持する力を発揮できないということでした。

栄養素が足りないから病気になるんだ。なんだ、簡単なことではないか！　と、心から驚きました。

食べたもので血液を作り、その血液が全身の隅々まで栄養を運び、新陳代謝を繰り返し、要らないものは体外に出して、痛んだところは修復する。このシステムは毎日働いていて、毎日食べているもので行われている。食べている物の中に栄養素がきちんとそろっていれば、必ず身体は健康を保つようになっている。この当たり前のような事実を知った時はとても興奮し、これを世界中の人が知っていればこの世界から病気で苦しむ人はいなくなるのに！　と、真剣に思いました。

この理論を実践すれば、息子の喘息やアトピー、アレルギーはいつか必ず改善するだろうとはっきりとわかりました。が、果たしてそれを実現する食べものはこのアロエやポーレン・プロポリスでいいのだろうか。他にもっと良いものがあるのではないか、もっと安くて、一般的なものが……と、実は思っていました。

私はもともと何でも疑ってかかるところがあり、人の話を鵜呑みにはしない、素直ではない性格でした。また、ろくな知識もないくせに、「国産が一番」とか「アメリカ産は信用できない」などと、勝手な固定概念と偏見のような考えをもっていて、アロエジュースの話も聞いていながら疑っていました。

そこで、近くの大きな図書館に行って、健康に役立つといわれているいろいろな食品の成分分析表などを探し、アロエジュースやポーレンと比べてみました。驚いたのは漢方薬に使われる朝鮮人参のようなものは成分分析が出ていなくて、４０００年の実績の積み重ねのみということでした。

私が最も気にしていたのは、「**安全**」**であるか？**ということ。次に、46の**必須栄養素がバランスよく豊富に入っているか？　大きな偏りがないか？**ということです。

私にとっての「安全」とは、「**天然である**」ということに近いと思います。

私たち人間は猿の頃から何百万年もの間、森の中にあるもの、木の実、木の葉、草の根、などを食べてきていて、それを消化し吸収し活用するように身体ができているので、地球上に生えていないもの（サプリメントといわれるような、一部の栄養素を抽出して合成して丸めたもの）を食べて身体がどう反応するかわからないのではないか、と私は思っていました。

人類はこの100年の間で急速に加工食品を食べるようになって、生活習慣病やアレルギーを発症するようになった、と本にも書いてありました。また、いくらビタミンが不足しているとしても、たとえば、レモン1000個分のビタミン（それも何から作っているかわからないもの）を一気に摂取するようなことは自然界では決してないことなので、「怖い」と思っていました。自然界に存在するバランスのものには、副作用の心配もないのです。

子どもの口に入れるもの、長く食べるものなので、何よりも**安全が大切**でした。そして**栄養素が豊富**でバランスが良く、デトックスの力もある。その観点から探すとなかなか納得できる食品を見つけることができませんでした。

そこで、アロエベラジュース・ポーレン・プロポリスの栄養素分析などを改めて見直し、また、栽培過程、製造過程を会社に問い合わせ、資料や写真を見ると、**天然自然の形**をとっていて、農薬も一切使用されず、丁寧に栽培採取され、薄めてもないし、わけのわからない薬も使っていませんでした。私は降参しました。

「この安全性、このバランス、この栄養素の多さは他にない。一生食べてもどれだけ食べても良いことしかない。これにしよう。これに賭けよう」

アロエベラジュース・ポーレン・プロポリスの３つ（以後3点セットと呼ぶ）を子どもと一緒に食べ続けようと決めました。

7 続ける努力

アロエベラジュース・ポーレン・プロポリスの3点セットを食べさせると決めました。

うちにとってはそれは決して安いものではありませんでしたので、その費用をなんとか毎月捻出する方法を考えました。

そこで、私と息子の生命保険を解約しました。今困っているのです。死んでからお金があっても何にもならないので生きる方に使おうと思いました。また、夫の生命保険を1億円から3000万円に減額しました。夫はなかなか死なないタイプだと思ったのです。大型バイクが大好きで、日曜日などには早朝からバイクで出かけるのですが、高速道路で他の車と接触して何百メートルも飛ばされたりしても、なぜかいつも擦り傷くらいで帰ってくるのです。だったらそんなに生命保険は要らない、生きている方に使おうと思いました。

そんな工夫をして毎月の支出の中から何万円かつくり、あとは私のパート代を足して、息子と二人、アロエベラジュースなどの3点セットをきっちり摂る生活を始めました。

ところが、いざ飲もうとすると、とてもまずいのです。私も口元に持ってくると吐き気がします。息子も「やだ！」と言って逃げ回ります。アロエベラジュースは、胃腸が悪かったり食事に偏りがあって体調の悪い人にはまずいことがあるのです。でも、**まずいからといって諦めるわけにはいきません**。諦めたって、息子の身体を治す方法は他にないのです。そこは頑張って飲み続けるしかありません。特別に美味しいジュースか何かで割って、

「ママも頑張って飲むから、コウちゃんも頑張ってね。一緒に飲もう」と説き伏せます。でもそんな話は聞かずに逃げ回りますから、もう仕方ありません。**逃げる息子を**

とっ捕まえて、羽交い絞めにして、口をこじ開けて、無理やり飲ませることを続けました。絶対に諦めない!!

3か月もすれば身体が変わってくるので飲めるようになってきます。だんだんと量も増やしていけて、小学生の頃は、アロエジュース150～200cc、ポーレンは6粒、プロポリスは2～3粒を食べさせていました。

こちらが諦めなければ向こうが諦める。続けていれば結果が出る。

これは私が子育てでいつも決めてやってきたことです。勝手にどこかへ行かないように絶対に手を離さない時も、じっと座っていられるようにする時も、好き嫌いなくご飯を食べられるようにする時も、本当に困ることは諦めずやり続けていると必ず結果は出てきました。

半年くらい経つと、台風の時期になっても喘息の発作は出なくなりました。それから、喘息の発作は一度も出ていません。アトピーは、1～2年後にはもう大丈夫なのかなと思えるようになっていました。

コウタロウはボーイスカウトとして活動していて、夏のキャンプで伊豆大島に行きました。海に入ってそのまま野営することを繰り返す5日間を過ごして真っ黒になって帰ってきた時、私はあわててアロエのローションを全身に塗りました。アトピーの子が潮を浴びて日に焼けるなどもってのほか、大変なことになるのです。しかし、その時にはひどくただれることも深く皮がむけることもなく、綺麗に小麦色になっただけでした。

「コウちゃん、皮膚が丈夫になって本当によかったね」

と、私が言うと、

「僕は毎日痒かった。今は全然痒くなくて本当にいい。ママ、みんなにアロエベラジュースを教えてあげたらいいのに」と言うのです。痒いのは痛いより辛いと言います。私たちは見ているだけで「掻かないで」と言いますが、本人は本当に辛かったのだと、反省しました。

こうして身体はどんどん強くなり、体力もついて、風邪もほとんどひかなくなり、小学校6年の頃には、**当初の「健康の心配」はなくなっていました。**

第 3 章

「じゅけん」という挑戦

Aloe Vera

1 学校の授業を復習する

学校の授業は、注意力不足と多動のせいか、ほとんど聞けていないようでした。学校での学習内容が少しも頭に入っていないのです。

学校に毎日行っているのに授業が全然わからないのはつまらないだろうし、かわいそうです。なんとか勉強があまり遅れないようにしたいと思いました。

「学校の授業を聞いてもわからないなら、家で教えよう。毎日復習して、せめて**学校がつまらなくならないように**しよう」

公文もつきっきりで教えていましたが、小学生一年生になってからは学校の勉強も私が家で復習させていました。

夕方、ご飯を作りながらでも、今日の学校の話を聞きます。

息子がほとんど覚えていないので、今日やったところの教科書を開いて、

「こんなこと教えてもらったのね」

なんて言いながら、質問して理解度をみて、もう一度私が説明して教えます。


社会や理科の内容は体験がないとなかなか覚えないので、道端の草を摘んでは図鑑や教科書と比べたり、動物園や博物館、科学館にもよく行きました。壁には日本地図を貼り、教科書やテレビなどで出てくる県や地名を探してはチェックしていました。

授業参観に行ってみると、意外な落とし穴を見つけたり、「そんなことができなかったんだ」と気づかされることもありました。ある時、算数の授業で〝左手で定規をおさえながら鉛筆を定規に当てて直線を引く〟たったそれだけのことが息子はできなかったのです。気づかなかった、やらなければ。家に帰るとさっそく、定規で線を引く練習をできるまでやりました。

こうした努力が、のちに中学受験の役に立ったのかもしれません。

「何がわかっていないのか？」

「もっとやらなければいけないことがあるのではないか？」

「学校で迷惑をかけているのではないか？」

いつもいつも気になっていました。

2 「じゅけん」したい！

息子に障害があることは、診断された1年生の2学期に、**担任の先生にだけ**話しました。**先生の話を聞いていなかったり、叱っているのにぼーっとしているのはわざとではなく、状況がわかっていない場合がある、ということを理解しておいてもらう**ためです。

しかし、クラスのお友達やその親御さんには知らせませんでした。妙な気を遣われたくなかったからです。息子ができなかったり、迷惑をかけたりした時は、バカにされたり怒られたりしなければ本人が気づかないし、自分で注意しようと思わないからです。私は将来この子を普通の人にしようとしていましたから、普通に接してもらわないと成長しないと思っていました。ですから、甘やかしてほしくはなかったのです。

小学校2年生の時、明日の支度をするために息子と一緒に教科書をランドセルに入れていたある夜のことです。息子が急に泣き出して、「学校に行きたくない」と言い出しました。聞けば、「バカ、バカ」と言われ、毎日叩かれているというのです。私は内心、

（そうだよなあ、こんな間抜けなのろまがいたら、私だってバカって言いたくなるだろうし、叩きたくもなるかもしれないな～）

と、思いました。これは仕方ない、息子がしっかりするまでは仕方のないことだ、よっぽど迷惑をかけられて嫌な思いをしている子もいるのだろうし……。

「じゃあ、明日は休むとして、明後日はどうする？」

「休む」

「明後日もしあさってても休むなら、学校を変わる？」

「……」

「学校を変わっても、あなたがまた同じように変なことを言ったり、ちゃんとできなかったら、バカって言われるし、みんなに怒られるよ～」

「……」

考えた結果、転校もせず、翌日も学校に行くことになりました。でも、

「中学は絶対みんなと違うところに行く！　みんなのいないところに行く!!」

「じゅけんする！　バカって言って叩く子は大嫌いだ!!」

と言って泣くのです。

ちょうど知り合いのお兄ちゃんが、「じゅけん」というのをして、行きたい中学校に行った話を聞いたばかりだったのです。「じゅけん」がどんな内容なのかはわかっていません。ただ、「じゅけん」をすれば皆と同じ中学校に行かずにすむと理解していたようでした。

私は心の中で（それは無理だよ〜）と、思っていました。普通の子どもでも大変なのに、コウタロウに「中学受験」ができるわけがないのです。

3 僕にだってできる

息子は小学校4年生になった時、

「僕も塾に行きたい。中学受験したい」

と言い出しました。学校で周囲の友達が何人も中学受験準備のための進学塾に通い始めたのでした。

私は何度も、受験は無理だと言いました。しかし、どうしても私立中学校に行くと言って聞きません。そんな息子の気持ちは理解できました。学校では相変わらず、お友達からバカにされていたようでしたし、叩かれることはあまりなくても、小突かれたり、つねられたり、笑われたり、仲間はずれにされたりしていたようでした。PTAなどで学校に行った折には、休み時間に一人でジャングルジムの上から皆の遊ぶ校庭を眺めていたりして、その様子を見ると私の胸もつまりました。確かに、このまま同じメンバーで中学に上がって、さらに、もっと元気だと評判の隣の小学校の子どもたちが加わると、辛いことになりそうだとは思いました。

何度か説得してみるものの、本人の意志が固そうなので、受験することを諦めてもらうために、思い切って言いました。

「コウちゃんには脳に障害があるの。この本を見て。ここに書かれているADHDの人の行動って、あなたに似ていると思わない？　だから、残念だけれど、コウちゃんには受験は無理だと思うの」

しかし、それでも息子は

「**僕にだってできる。塾に行く。一生懸命やったら、僕にだって絶対にできる**」

と言うのです。私はハッとしました。それは、私がいつもいつも息子に言い続けてきた言葉そのものだったからです。

「どんな人でも、やればできる。頑張って続ければ、必ずできる。ゆっくりしか進めない亀だって、時間をかければ、いつかはお山のてっぺんに着けるんだよ」

そう言ってきたのは私でした。そう言いながら、嫌がる公文をやらせ、できない縄跳びやベーゴマ回しをさせてきたのでした。それなのに、「塾に行って勉強したい」という息子の希望を押しつぶして、「受験は無理だ」とはねつけることはおかしいと気づきました。

「やればいいじゃないか」

「受験したいというなら、とりあえずやってみよう！」

そう考えを変えた私でした。

4 できるかもしれない

息子に中学受験をさせるとしたら、どんなことになるのか、何をしなくてはならないのか、私には全く知識がありませんでした。

そこで、近くの書店の中学受験コーナーに行きました。驚きました。そこには数多くの参考書、問題集、受験用書籍が並んでいました。その1冊を手にして内容を見て、さらに驚愕しました。例えば社会だけでも、地理・歴史・公民・時事問題……こんなに広い範囲で、深い理解を要求される問題に取り組まなければいけないとは……。

これを全部わかるようにするためには、私がやらせて教えなくてはならないのです。全然時間が足りない。こんなの無理だ。そのあまりの大変さを考えているうちに、ふっと気が遠くなり中学受験参考書の書棚前で倒れてしまいました。脳貧血を起こし

てしまったのです。
駆け寄ってきた店員さんに支えられ気がついた時は、本当に恥ずかしい思いをしました。受験勉強を開始する前から、すでに負けてしまっているような気分になりました。

最初から進学塾は難しいと考え、知人から小さな私塾をやっている先生を紹介していただき、まずは週に1日だけそこに通うことになりました。与えられたテキストは薄いものでしたが、その学習内容は息子にとって初めて接することばかりで、毎日がそれはそれは大変でした。やってみると、息子はこんなにも何も知らないのかとびっくりしました。

例えば、速さを出す算数の問題をやろうとして、「歩いている人と、自転車の人とどっちが速いと思う?」と尋ねても、それがわかりません。そして、〝追い越す〟という意味がわかりません。問題を解く以前のことが皆目、わかっていないのです。

理科もそうでした。水溶液の問題に取り組もうとしても、ものが液体に溶けるという現象がわからないのです。砂糖をお湯に溶かして見せたり、コップの水にカルピスを溶かして、カルピスの量で〝濃さ〟が違うところを見せたりしました。

算数にしても理科にしても、すべて息子の目の前で実験をしたり、実際に見せるというようなところからしなければならないのです。社会の覚えなければならないことなどは、お風呂でも食事中でも問題を出して、繰り返し繰り返しやりました。

もし、この時の私たち母子を見た人がいるなら、誰一人として中学受験のための勉強をしているとは思わなかったでしょう。何かの遊びをしているとしか見えないと思います。そんな、基本の何歩か手前のところから、息子と二人、よちよち歩きの中学受験準備が始まりました。

やらなければならないことが多すぎて、本当に時間が足りず、こんなことで間に合うのだろうかと気の遠くなる思いで毎日やっていました。

ところが、お勉強を始める少し以前から気づいていたのですが、**話をしていても少しずつ目線が合うような、話をちゃんと聞けているようになってきていました**。受験準備の勉強をさせてみると、内容の理解や、覚えることが以前よりずっと早くなっている感じがしていました。

「**なんだかできるような気がする**」

密かに私は感じていました。

公文のプリントも進みが早くなっていて、小学校の3年生になる時、(アロエベラジュースを飲み始めた時)には学年相当より少し進んだくらいのプリントだったのに、その2年後の4年生の終わりごろには、中学2年のプリントをできるようになっていました。なんと**2年間で5学年分のプリントの進み**があったのです。

「もしかして受験できるのではないか。チャレンジしてみよう」

私は真剣に受験に取り組む決意をしました。

5 塾選び

小学校5年生になる前の2月、受験を決意し、**塾選び**を始めました。

塾に入れてもらうには〝入塾テスト〟を受けなければならないのです。

大手の三つの塾の入塾テストを受けました。

どの塾も入塾テストの成績順にクラス編成をして、それぞれの子のレベルに合った授業を展開していくシステムのようでしたが、私としてはどこのクラスでもいい、とにかく塾に入れてもらえるだけで十分だと思っていました。

息子にはサピックスの問題が一番やりやすそうだったし、以下の理由からサピックスを選びました。

どうやらサピックスは息子のような子が選ぶ塾ではなかったようだと今回知りまし

たが、私には知識がなかったのでそんなことも知らず、以下の理由で塾をサピックスに決めました。

①お弁当を食べる休憩時間がないので早く帰れること

「早く帰れる」ことは、私にとって一番大切なことでした。息子は身体が弱いので、家のご飯を食べさせたかったし、早く寝かせたかったからです。

②当時は6年生の秋まで日曜日が休みで、他塾より塾に行く日数が少なかったこと

家で復習をしたり、遊んだりする時間の確保を計画できるからです。

③テキストとカリキュラムが息子に向いていたこと

各塾の入塾テスト中にテキストとカリキュラムを見せていただいて比べたのですが、サピックスのカリキュラムが一番繰り返しが多かったのです。息子は何回もやらないとわからないタイプだったので、何週間かに及んで同じ問題をやるように作られているのはありがたかったし、テキストも毎回小冊子になっていて、家で勉強を教えるのにやりやすいと思ったからです。

④どのクラスにいても同じテキストをもらえて、同じテストを受けられること

理解を要求される問題の中で、息子ができない問題がどれくらいあるのか、全体像が見えることは家庭学習のためには大切なことだからです。

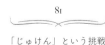

第 4 章

奇跡は起こった

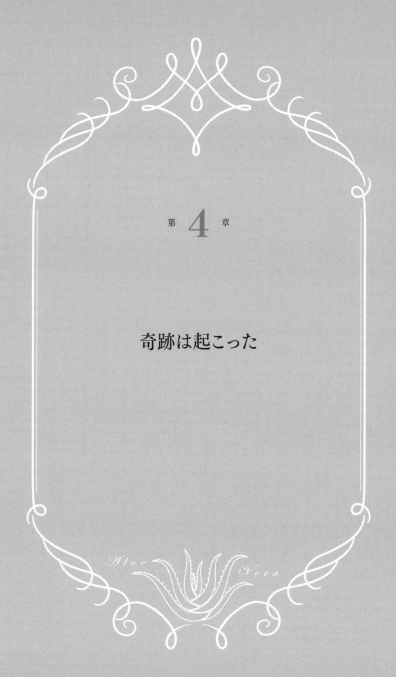

1 ウサギとカメ

サピックスの入塾テストの結果、不思議なことが起きました。なんと**上位の方のクラスに入れる**というのです。サピックスの息子が通おうとした教室は1学年で約20クラスほどが設置されていました。息子が通っていた頃は、一番上のグループがαと名付けられ、上からα1／α2／α3と分かれていました。息子はなんと、そのα3に振り分けられたのでした。つまり、20クラスあるうち、上から3番目のクラスになるというのです。

本当にびっくりしました。

「あれ？　どうして？」

しばし固まって茫然としてしまいました。

「なぜ……？」

「うちの子、**障害児なのに**。健常児はどうしたの？」

私の頭の中で、**カメがゆっくりとウサギを追い越す**絵がスライドのように流れました。

「嘘みたいだ」

しかし、息子に合っていないクラスに入っては息子の勉強のためにならないと思い、すぐにサピックスに電話を入れ、お願いしました。

「何かの間違いではないかと思います。う

ちの息子は頭が悪いので、授業についていけないと思います。クラスを下げていただけないでしょうか?」

するとサピックスの先生は、

「お母さん、安心してください。何かの間違いであれば、来月必ずクラスが下がります」

と言うのです。なるほどそれなら安心だと思い、1か月我慢することにしました。

この1か月、自分なりに頑張るしかない。

ところが、それからクラスが下がることはほとんどなく、だいたいαの中にいることになるのです。

これは、あのコウタロウにとって、奇跡としか言いようのない現実でした。

2 頭の良くなる食べもの見つけた！

息子が受験をする塾に通い始めたことは、瞬く間に学校中に知れ渡ったようでした。先生方の反応は敏感でした。保護者会やPTA役員会で私が学校に行き先生と顔を合わせると、皆、次々に話しかけてくださいました。

「お母さん、コウちゃんには、いくらなんでも中学受験は無理です。かわいそうです、すぐにやめさせてください」

何人もの先生が口をそろえて同じことを言います。決して悪意ではなく、心から息子のためを思って言ってくださっているのです。ふだんの登下校の際、子どもたちの通学の安全を見守ってくださっている「緑のおばさん」までも、私を見かけると、

「コウちゃんが塾に行ってるって？　お母さん、コウちゃんは大丈夫なの？」

と心配してくれました。息子は皆さんに愛されていると感じました。
私はそのたびに苦笑いで答えるしかありませんでした。
息子のクラスメイトたちも先生方と同じような反応を見せました。
塾では、同じ小学校に通う子が、
「お前、バカなのにどうしてこんなところに来たんだよ」
と息子に言ってきたそうです。みんなびっくりしていたのだと思います。
それでもめげずに塾通い生活を続けていました。

塾が終わって最寄りの駅に着くのが夜9時くらいです。私は駅まで迎えに行きます。
冬の夜なので、私は上下ユニクロのジャージにユニクロのダウンのような恰好ですが、
大通りの反対側から同級生のママが、なぜか毛皮にエルメスのバッグを持って手を振っています。
「田中さ〜ん。コウちゃんがサピックスに来たんだって？　子どもから聞いたわ〜。なんで〜？」

どうして今ごろ？　ということのようでした。みんなは小学校4年から入っていて、コウタロウは1年遅れて入っているのです。

（ああ、Hさんもサピックスなのか）

と思いました。H君は幼稚園の時から頑張っている、できる子です。私はなぜか、うちの子が同じ塾にいることが申し訳ないような気持ちになっていました。

話したくないのに、駅のあるこちら側に渡ってきました。駅にお迎えに来ているのだから当たり前なのですが。

「しかもαに入ってるんだって？　なんで～？」

どうしてあのコウちゃんがαに入ってる

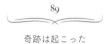

のか？　それは確かに疑問だと思いました。そして、Hさんから**「今まで何をしていたの？」**

そう聞かれた時の衝撃は今でも忘れません。

（今まで何をしていたの？　そうだ、何をしていたのだろう。あのコウちゃんがサピックスのαに入るようになること、何をしていたのだろう）

その時、頭の中に、毎朝アロエベラジュースを飲ませている私とコウタロウの姿、うちのダイニングの光景がサッと現れました。

（アロエベラジュースを飲ませている。**他の人と違うのはアロエベラジュースを飲ませていることだ！**）

一瞬のうちに、「何をしていたか」がわかりました。

しかし、私は、

「何もしてない～。公文かな？」

「公文なら、みんなしてるよ」

と、Hさん。私は、

「そうだよね～」

と、薄ら笑いを浮かべながら言い、改札を出てきたコウタロウの手をギュッと握り、

「帰るわよ」と、逃げるように家に帰りました。

（すごいもの見つけた、すごいもの見つけた、すごいもの見つけた！）

心の中で何回も叫びながら、ガツガツと歩きました。家に着くと、ぴっちりドアを閉め、玄関で靴も脱がずに、コウタロウの両肩をしっかりつかみながら、

「これからママの言うことをよく聞きなさい。こっち見て！」

「いい？　アロエベラジュースとポーレンとプロポリスのことは、決して誰にも言ってはいけません。わかった？」

と、強く強く言いました。うなずく息子を尻目に、リビングなどに出ていたアロエベラジュースを急いで全部棚の中にしまいました。

（誰かに見つかったら大変だ）

「**私はついに、『頭の良くなる食べもの』を見つけた**んだ！　頭の良くなる食べもの

を見つけた!!!」

と、心の底から思いました。

これはすごい発見。これしかない、これしかない、**他の子と違うのはこれしかない**。努力はみんなしてるし、みんなは初めからコウタロウより賢い。でもアロエベラジュースを飲んでからコウタロウが賢くなってきた。これを知られたらみんな飲んじゃう。みんなが飲んだらまたコウタロウはびりになって、合格しなくなる。みんなに知られるわけにいかない、絶対に受験が終わるまで内緒にしなくては。

今考えるとおかしいのですが、その時は本気で、強くそう思いました。そして、受験が終わるまで決して誰にも言いませんでした。

コウタロウがアトピーの痒さから解放され、「みんなに教えてあげればいいのに」と言った時も、あいまいに微笑んで、「教えるわけにはいかない」と心の中で思っていました。

私の人間の器が小さかったのです。情けない思い、辛い思いをたくさんしてきて、ひがんでいたし、悔しかったのかもしれません。

とにかく私は、**「頭の良くなる食べもの」**を見つけたのでした。


小学校5年生のうちは一緒に塾の宿題を見て、教えて、丸つけして、と、手をかけていましたが、6年生の半ば頃になると塾の勉強も一人でできるようになっていました。理解力も上がってきているし、記憶力も嘘のように良くなってきていました。歴史の年号や人物名など、覚えなくてはならない宿題プリントも10分も眺めていれば全部、漢字で覚えているくらいでした。

「コウちゃんが勉強できるようになった」

と、周囲にも知られるようになりました。

ある日のことです。私が保護者会で学校へ行くと、息子の同級生が近寄ってきて言いました。

「おばちゃん、コウちゃんは**バカなのに勉強できる**んだよね」と。

「バカなのに勉強できる」言い得て妙です。コウタロウを1年生の時から知る同級生には、まさしくその通りの印象だったと思います。

3 点数は気にしない

中学受験の塾に通い、その宿題をやる日々は本当に大変でした。もともと、毎日公文をやらせるのも大変でしたので、その対象が塾の宿題になっただけでしたが、**受験のお勉強に関しては一人でやっても身につかない**ので、毎日一緒にやっていました。

まずは1週間のタイムスケジュールの作成です。塾に行くようになり、システムと教材のボリュームがわかってきたところで、学校から帰ってきた後の毎日のスケジュールを立てました。例えば月曜日が塾で算数の日なら、塾から帰ってきたら先週の復習テストの見直しをして、翌日の火曜日は昨日の算数の宿題をする。火曜日にやり終えられなかった分は土曜日や日曜日など、その週のどこかでやるようにする。といった具合に、**塾のスケジュールに合わせて毎日の計画を立てて必ず終わらせるよう**

にするのが私の仕事となりました。

サピックスの教材は毎回塾に行くとその日の分が渡される小冊子の教材です。ですから予習はできません。システムとして復習をしっかりやるようにできていました。渡されたその小冊子の内容を翌週までに理解していくことが課題となります。そして翌週の授業の初めにある復習テストで理解度を計れるようになっています。

コウタロウは1年遅れて入っていますので、初めはわからないことばかりでした。他のお子さんが小4クラスで勉強していたことの復習を兼ねた授業でも、コウタロウにとっては初めての内容のものもたくさんありました。

私は毎日横に座って一緒にテキストを読んだり、説明したり、問題をやらせては丸つけをして、間違っていればまた教えてやり直させる。国語・理科・社会はまだなんとかなるのですが、算数に至っては私にとっても初めての勉強内容だし、解き方も中学受験独特の解き方と思えるようなものが多く、私が理解するのに苦労しました。

（もっとちゃんと先生の話を聞いてきてほしい）

（ノートをしっかりとってきてくれないと、解き方をどう教わったかわからないじゃない）

など、いつも思い、困りながらも、テキストの解答を一生懸命読んで教えていました。中には塾の教え方ではコウタロウには難しいこともありました。絵や図をいろいろ書き、物を使って説明したり、コウタロウが自分で解けるやり方を探ることも、身近にいて子どもをよく知っている母親だからできることでした。

そんなことをしている親は少なかったようでした。

「みんな本当に塾だけで理解できてるのかな」

いつも疑問でした。毎日教えていると、びっくりするくらい普通のことがわかっていないということがわかります。でも、やってみないと何がわからないかがわからないので、

「本当にわかったのか？」

「何がわからないのか」

これを探すことが一番難しく思いました。

そうすると、塾の復習テストは本当にありがたい存在です。毎回、先週の分のテストをしてくれて、未習熟な箇所を示してくれるのです。そこを復習しておけば、まず

は先週の分はなんとかなったことになるので、ひとまず安心。しかし今週は今週でまた新しい単元に入るのです。この繰り返しです。

月に1回、各科目で4回分の復習テストがあります。それによってクラスが再編成になるので、皆はそのテストで良い点を取るためのテスト勉強をしているようでしたが、うちは毎週の復習をするだけで精いっぱいで、テストのための勉強などはする時間はありませんでした。

教材冊子の内容は基本から応用まで、問題がたくさんあり、プリントも別にあったりしていて、すべてをやるのは時間的に難しい量でした。ですから私は、初めから簡単にできる問題は飛ばして、（変な表現ですが）「**ちょうどわからないところ**」をやらせるようにしました。初めはわからなかったけど、今回学んで、「自分で解ける」ようになることが目的です。限られた時間の中で、そういう勉強をしないと意味がないのです。

また、最後の方に出てくる難問は、時間ばかりかかり、どうせやっても自分で解けるようにならないので取り組まずに、問題を読んで解答を見て、「へえー、こうやるんだね」なんて言いながら、「見たことがある」ようにするだけにとどめました。

社会や理科の覚える項目や漢字などは、今週中に覚えるために、**食事中などでもちょっと問題を出してみたり、壁に貼ってみたり**、特に寝る前は記憶に残るので、**寝る直前にやらせるようしたり**と、数々の工夫をしました。

とにかく、なんとか今週の分を理解させる。それだけを目標にやっていました。

障害があって、ずっと理解が遅かった、そのことが功を奏していたと、後に思いました。

それは、**点数や偏差値を気にしない**ということです。気にしていたら身がもたないし、点は悪いに決まっているので慣れています。小学校に入ってからはテストが返ってきても、私は点数や偏差値はほとんど見ずに、答案内容を見ます。

「何がわかっていなかったのか、どんな間違いをしたのか、何をやればいいのか」を知るためです。**テストは、間違ったところをやり直す、教え直すためにある**、と思っていたのでした。

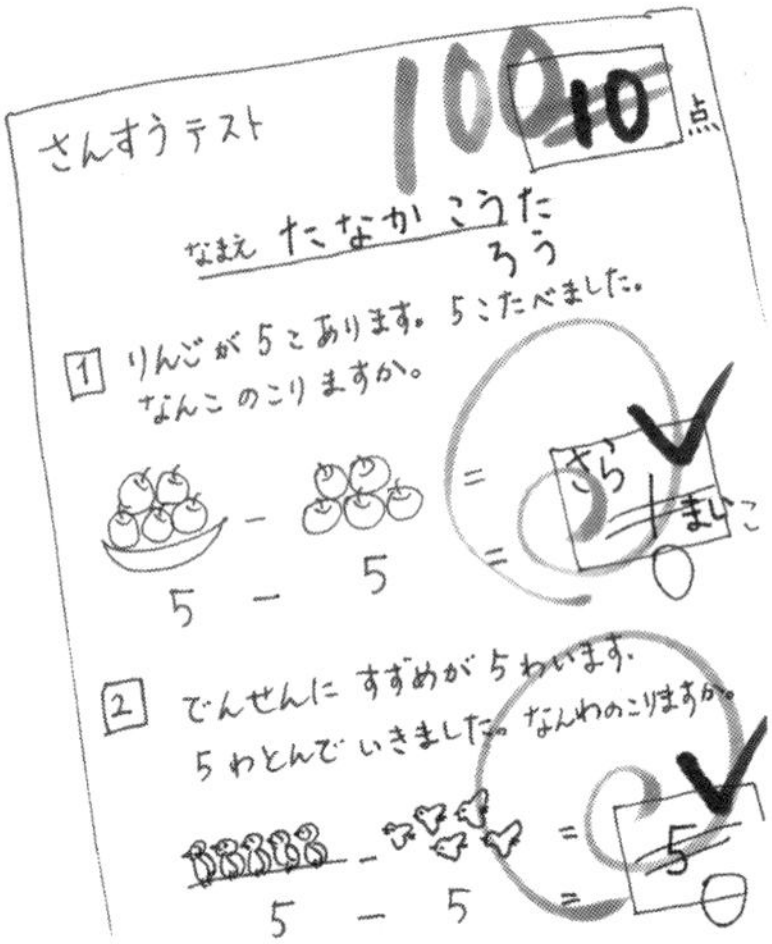

だから、間違いを怒ることも、嘆くこともなく、冷静に受け止めるだけです。あえて言うなら、私の教え方が悪かったし、私がやらせきれていなかった、私が気づかなかったから間違った、テストの点は教える私についた点数と考えていたのだと思います。

　テストを見直してみると、ケアレスミスや問題を理解していないミスが結構あることに気づきます。注意欠陥の障害ですから、**計算間違い、単位間違いなどは当たり前**なのです。計算間違いを直させたり、字を書き直させていたら全然進まなくて時間がなくなってしまうので、**ケ**

アレスミスの直しはやめました。

「本当はわかっていた問題」であれば、○《マル》にします。青ペンで、○に書き直してしまいます。間違った理由を聞いてみて、「本当にわからなかった問題」だけを直します。これでだいぶ時間の短縮になるし、子どもも怒られて嫌になってしまうことがなかったと思います。青丸の問題を○として考え、点数を書き直すと案外に点数が上がります。

この点数の書き換えは、小学校に入ってテストを持って帰って来た時からやっていました。間違ったところを聞いてみると、わからなかったのではなくて、勘違いしていたということがよくあったからです。子どもは大人の意図はわからないし、問題の意図もわからずに問いに答えることがあります。

「なぜこの答えを書いたのか？」

聞いてみると、子どもなりの考えがあったりします。学校の先生の意図する理解度の確認とは別のところで、間違っていることがあるのです。問題の意味がわからないとか、よく読んでいなかったりとか、そんなことで点数をつけられてはかわいそうなので、私は理由を聞いて、**本当はわかっている問題は○**にしました。皆さんもぜひ、お子さんの間違った理由を調べてほしいです。「勘違い」や「うっかり」は、その問題で問われている理解度とは違うところの間違いですから、あまり気にしなくていいと思います。子どもならではの勘違いや間違いは○にして、本当の点数をつけてあげて、**自己評価が下がらないようにしてあげたい**です。

テスト直しも、本当にわからなかったところだけ復習するといいと思います。時間の節約になります。

理解度をもとに点数を書き換えてあげると案外に点数が上がりました。「これが本当の点数だよ」と言ってあげると、本人が、ケアレスミスがもったいなかった、と思うようになるのではないか、と期待していました。

実際に、6年生の最後には、計算も見直しながらするようになり、不注意による間違いはほとんどなくなりました。

子どもは成長するのです。5年生と6年生で驚くほど違うし、受験が近くなれば「受かりたい」という気持ちが強くなり、変な間違いはしなくなってくるようでした。

健常児のお子さんでしたら、もっと早くケアレスミスがもったいないことに気づくと思います。「健常児のお母さんたちは計算ミスくらいで不安に思う必要なんてないのに。計算を何回もさせたりする時間を、他の大切な問題をする時間にしたらいいのに」と思う時があります。

また、お子さんが普通の子なのに、点数や順位などで一喜一憂し、お子さんのレベルを決めてしまう言葉を耳にすると悲しい気持ちになりました。

「うちの子、こんな点ではきっとどこも受からないわよ」

などと健常児のママが言っているのを聞くと、

（コウタロウはこの子よりずっと脳が悪いから絶対受からないってことか？）

と、思ってしまいます。

塾のテストの点や偏差値は、その時の点だということを皆さんは忘れているのではないかと思います。テストの点は、「**その時の単元の理解度を示した数字**」で、「**その**

子に付いた点ではない」のです。今回点が悪いだけで、次回は違うかもしれません。6年生になれば違ってくるかもしれないのです。そもそも、塾のテストの点数で中学入試の合否が決まるわけでもないのです。

本当は賢くていい子なのに、塾へ行ったばかりに、その子につまらないランク付けや意味のない評価をしてしまうのは本当に残念だと思うことがありました。

昔の、田舎育ちの子は、高校3年くらいまでは自分に偏差値など付かないので、いろいろな可能性が自分にはあると思って育っていたのです。

息子は障害があったのでラッキーでした。点が悪くてももともとなので、得点や偏差値、ましてや順位によって息子の価値を計ることができなかったのです。だからこそ、他人から見たら無謀とも思われるチャレンジができました。そのチャレンジのおかげで、**特別な食べものによる特別な効果を得ることができた**のでした。

もし息子が発達障害でなかったら、ちょっとできないだけで怒っていたかもしれないし、子どもの能力を決めてかかってチャレンジもしないで、「この程度」と評価していたかもしれません。小さい時からできなさすぎて、**点が悪すぎて怒れなかった。ちょっと頑張ったら誉めていた。**このことにより、息子の自己肯定感を損なわずにすんだと思っています。

「やればできる」

この言葉を何回も何回も言えたのは、障害があったからだったと思います。

そして、アロエベラジュース、ポーレン、プロポリスに出会い、本当の奇跡が起きるのです。

4 「ママ、ありがとう」

小学校6年生になると塾での生活も一年過ぎたので、ペースもつかめ、勉強のやり方も、毎日何をやればいいかもわかってきたようで、**私が一緒にやらないでも大丈夫だなと思える様子**になってきました。学校から帰ってきて、午後5時くらいからは一人で勉強を始め、11時頃までには寝る、そんな毎日でした。たまには、「今から答えるから解答を見てて」なんて言って、勉強の手伝いを頼まれることはありましたが、ほとんど私はプリントの整理やコピーなど、周辺の雑用をしているような感じでした。**私の重要な仕事は、食事や健康管理**です。**ご飯を食べさせる、なるべく早く寝るようにさせる**。

その頃にはアロエベラジュースなどの3点セットを摂り始めてから3年あまり経っ

ていたので、喘息《ぜんそく》やアトピーの心配もなく、夏休み中、一か月以上も冷房の中で勉強していても風邪もひかず、体力がすごくついてきている、と、実感できていました。学校や塾を休むこともなく、修学旅行から帰ってきた足でそのまま塾に行くことができるくらい元気になりました。

私が、「早く寝なさい」と言うと、「塾の友達で12時より前に寝てる人なんていないよ」と息子は言っていましたが、受験塾に通っているお友達はだんだんと疲れが出てきて、学校行事などは休みたいという感じになっていました。頑張っている子は、学校で見かけると眠そうにしていて目に元気がなく、疲れたサラリーマンのように見えました。

それに比べて、コウタロウはずっと元気でしたし、放課後も塾へ行くぎりぎりまで校庭で遊んでいるくらい能天気で、子どもらしく見えました。

健康の心配がなければやるべきことに全力を注げます。

これは後の大学受験の時にも実感しますが、勉強も最後は体力勝負、心も身体も充実していると全力でできます。アロエベラジュースに出会えて本当に良かったと、心からありがたいと思っていました。

勉強をしている息子を眺めながら、

「本当に成長したな、あのコウちゃんがこの姿、嘘みたいだ」

栄養によって脳が発達してくると、このように落ち着き、自立心も育ってくるのか、と感慨深い気持ちになったことも覚えています。

志望校は駒場東邦中学校（駒東）にしました。家から近く、自由な校風の良い学校だと聞いていたし、本人が気に入ったからです。

小学校6年の秋頃からは志望校の過去問題の演習を始めていくことになりますが、やってみると全然できませんでした。特に算数に関しては、3分の1できていれば良い方で、点数だけ見ていると完全に「受からないだろう」と思いました。しかし過去問題はあくまで「過去に出題されたことのある問題」です。全く同じ問題はもう二度と出ないので、これができなくても大丈夫、むしろ「この年の受験でなくて良かった！」なんて言いながら、繰り返し繰り返しやっていきました。

受験が近づくと、さすがに時間の感覚のないコウタロウでもわかってきて、怖くなってきたようでした。

「実はあんまり勉強していない。落ちるかもしれない」

と、泣き出しました。コウタロウにもプレッシャーは押し寄せていたのでした。

また、勉強しているふりをしながら、こっそり姫路城の大きな大きなプラモデルを作っていて、机の下に隠していたこともありました。

その時は一応叱りましたが、それよりも、そんな悪知恵がついたのか、そしてこんな難しいプラモデルが作れるようになったのか、その成長に感心して嬉しくなってしまいました。

どんな奇跡でも起きて、なんでもいいからとりあえず受かってほしい。こう願うのはどの家の母親も同じだと思います。

受験の日、一人で校内に入って行く息子の後ろ姿を今でも忘れません。

まだ13歳になったばっかりのこんなに小さい子が、たった一人で、知らない場所で、どんな問題が出るかもわからないのに、挑み、向かっていくのです。その小さい背中を見えなくなるまでずっと見つめていました。

その年の駒東の算数の問題は例年の過去問とは全く違う形式で、簡単な問題は1問もなく、超難問ばかりでした。コウタロウは3分の1もできなかった、と、ずっと布団の中で泣いていました。

翌日の合格発表は掲示板を見るまでは生きた心地がしませんでした。

恐る恐る校内の掲示を見たら、なんとコウタロウの番号はあったのでした。嬉しくて涙が出ました。本当に安堵しました。今思えばおかしいのですが、障害のある子どもだということもすっかり忘れ、受かることを心から願っていたのです。

息子は「やったー」と明るく喜んでいました。

子どもはそんなに感傷的にならないものなのだな、と思っていましたが、次に息子

から出た言葉が、

「ママ、ありがとう」

だったのです。

その時、赤ちゃんの時から今までの働きかけの苦労、公文をさせる苦労、幼稚園や学校の先生から怒られて悲しかったこと、それらのすべてが報われた気持ちになりました。

2歳児の幼児教室に行っている頃からのママ友は、受験が終わってからお茶をした時、聞きづらそうに尋ねました。

「コウちゃんも中学受験したんだってね。どこに行くことになったの？」

小学校が違うのでここまでのコウタロウの様子を知らないし、小学校でいじめられているから中学は違うところにした方がいいと心配してくれていたので、気になったのだと思います。

「駒東になったの」

私が言ったとたんに、彼女は大きな声で

「こまとう!?」

と叫び、その驚きで彼女はドトールの椅子から落ちてしまいました。決して大げさでも誇張でもなく事実です。

その様子は今でも思い出すと笑えてきます。彼女の驚きは当然のことだと思います。

「発達障害の息子が駒場東邦に合格した」

これは本当に不思議なことでした。誰もがびっくりしました。

どうしてそんなことが起きたのでしょうか?

5 「ザル頭」は変えられる

息子は生まれた時から本当に、謙遜ではなく、頭が悪かったのです。時間感覚がない、数量感覚もない、空間認識力もなく、方向感覚も欠けていました。落ち着きもなく、聞き分けもなく、何一つ、他の子と同じようにできたことはありませんでした。10まで数えるのに3年かかり、足し算を理解するのに1年以上かかり、幼稚園のお遊戯もできず、縄跳びも自転車もゲームもできなかったのです。

その息子が、「バカなのに勉強できる」と友達や周囲から不思議がられるまでに変化したのは、なぜなのでしょうか。

私は、息子の頭は「**ザル頭**」だったのだと思います。いくら水を注いでも、いつまで経っても水がたまることのない「ザル」です。

それが、アロエベラジュースとポーレンとプロポリスを食べることにより、穴がふさがって、漏れなくなったのだと思います。

栄養がたくさん入ることにより、他の細胞と同じようにどんどん新陳代謝を繰り返し、新しい脳に、強い脳に、使える脳になっていったのではないかと思います。

いくら教えても、どんなに丁寧に説明しても、ほとんどのことが理解できないばかりか、簡単なことを実行することもできませんでした。勉強についても、人の何倍も時間をかけ、何回も同じことを繰り返して根気強く教えても、その効果はなかなか出ず、いつもがっかりしていました。

それもそのはず、**ザルに水を注いでいた**ようなものだったのです。

私はお腹の中で、コウタロウを1個目の細胞から人間になるまで作りました。その時の材料は私の血液です。栄養など何も考えずに食べて、食品添加物の恐ろしさも知らずに口にし、栄養素不足で質の悪い血液だったと思います。今ならはっきりわかり

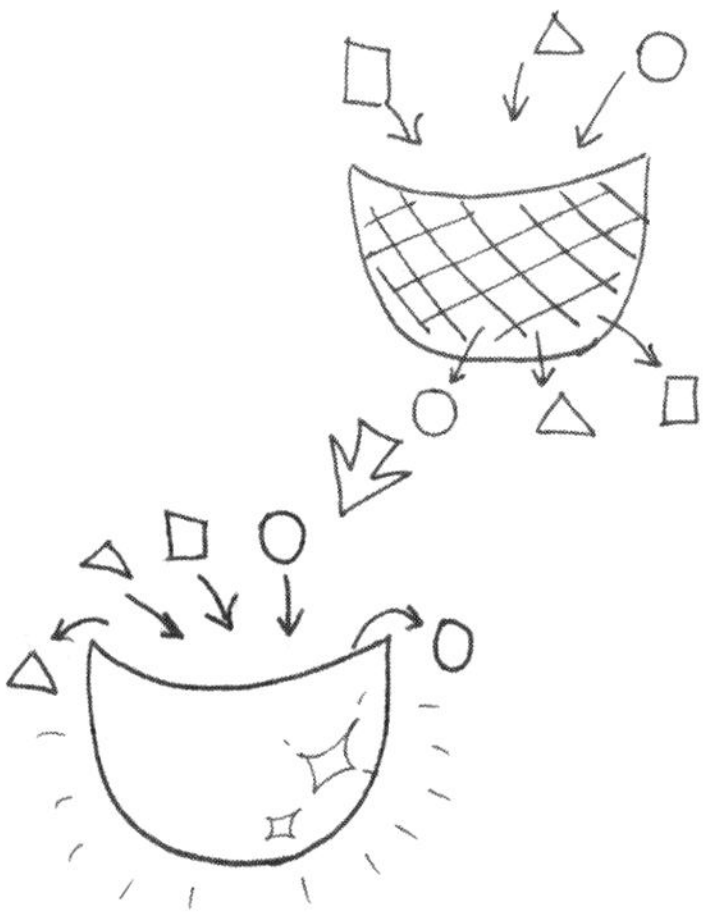

ます。私の血液が不足だらけの血液なので、コウタロウの身体を作るのにも材料が足りなかったと思います。それでも私の身体は頑張って、赤ちゃんを人間の形に作りました。見た目はできていましたが、免疫力が弱く、不調だらけの身体でした。そして、脳にいたっては、穴だらけのザルを作って、息子の頭に載せたのだと思います。

息子はかわいそうに、「ザル頭」を持って生まれたのです。

なんにも悪くないのに、悪気もないのに、頭がザルなのでいつも理解できず、「もっとよく考えて」だの、「話をよく聞きなさい」だの、家でも、幼稚園でも、学校でも、みんなに言われ、怒られ、それでも頑張ってきたのです。本当にかわいそうだったと思います。そして、悩みながら悲しみながらその子を育てた私もかわいそうだったと思います。

栄養が入ってザルがボウルのようになれば、こんなにスムーズに努力が実り、やる気と努力があれば夢も叶えられるようになるのです。

「ザル頭」は**誰のせいでもありません**。そのせいで勉強ができなくても、誰も悪くはないのです。ただただ、**栄養が足りないだけ**です。努力不足でもありません。ザルに知識を注いでもたまらないのです。

それなのに、努力をしてもなかなかできず、隣の何も頑張っていないような誰かがすっとやってのけるのを見る。これは悲しいことではないでしょうか？

私たちは、「**ザル頭**」**は食べもので変えられる**ことを知りました。**アロエベラジュースとポーレンとプロポリスで、脳の質を変えられる**ことを知ったのです。

私は、医学を勉強したわけでも脳科学に精通しているわけでもない、ごく平凡な主婦です。ですから科学的な根拠に基いて息子の変化を説明することはできません。しかし、最も身近にいて息子の成長のすべてを見てきた経験から、息子の脳になんらかの変化が生じたということだけは事実だと、確信をもっていえます。息子はいい頭になりました。「ザル頭」が普通の頭になったのです。

私は世界中の子どもたち、親たちに教えたいと思います。

「子どもたちが努力の実らない経験を重ねて自己評価が低くなる前に、脳を強化して、努力の甲斐があるように、人生を思いのまま送れるようにしてあげたい」

と、心から思うのです。

「ザル頭」は簡単に食べもので変えられるのだから。

第5章

良質の栄養は地頭を変える

1 医者の反対を押し切って

受験が終わり、平常の生活に戻りました。勉強しなくていいとなると何をしたらいいかわからない、などと息子が言うくらい、受験勉強をする生活、受験生なのだという意識は、小学生でも身についていたようでした。

しばらくして、小学校1年生の時からお世話になっている都立梅ケ丘病院の先生にも、

「駒場東邦中学校に合格しました」

と、報告に行きました。

先生は、びっくりしていました。

「受験をしたのですね？　それで、その中学には行くのですか？」

「……？」

私はきょとんとしてしまいました。

「たとえ勉強ができても、注意力や状況の判断、周囲とのコミュニケーションなどは決してできるようにはなりません。**必ず問題が起きます**。

コウタロウ君のようにたまたま勉強ができるようになって進学校に合格した子は、私が今まで長い間診てきた中で二人目です。一人目の子は栄光学園に行きましたが、発言や行動が問題となって1年も経たずに学校をやめることになってしまいました。私立の中学は、学校に合わない子は退学にすることができるのですよ。**進学は考え直した方がいい**と思います」

障害と診断を受けた当初から「治らない」と断言していた先生です。確かに治った子はいないのでしょう。先生は、コウタロウが悲しい目に遭わないようにとの思いやりから、私たちの無謀なチャレンジを止めようとしていました。

勉強ができて進学校に入学しても、先生の言う通りに**ADHDが治らないのであれ**

ば辛い目に遭うかもしれないし、「クビ」になってしまうかもしれません。
私は、駒東に行くのであればそれも覚悟をしておかなければならないと思いました。

梅ヶ丘病院には小学校1年生で診断を受けた時から毎月通い、毎月薬をもらっていました。その頃は、〝リタリン〟という、脳に集中力を持たせるような薬が世界で唯一の薬だといわれていました。毎朝、学校に行く前に飲ませるのです。
薬を飲んでいるとボーっとなって多動が抑えられ、学校の授業の邪魔をしないです む、ということから、飲むことを勧められていました。学校の担任の先生も薬が切れると電話してきて「最近お薬を飲んでいないのではないですか？」と言うくらい、薬を使ってほしいと思っているようでした。

小学校5年の頃には薬を飲んでいなくても学校から電話がかかってくることはなかったので、ほとんど飲ませていませんでした。**脳に作用する薬を飲ませるのが本当は心配で、嫌だった**のです。それでも毎回病院に行くと次回の予約を取るし、薬を飲んでいないと言えなかったので通っていました。薬は箱に入れて保管し、たくさんたまっていました。

その薬は小学生までにしか処方しないことになっていて、それにともなって病院での診察は終わりになるということでした。毎月の医師との面談は、

「どうですか？」

と聞かれ、薬をもらって帰るだけなので、薬が出せないとなると、もうやることがないので病院に来なくていい、ということでした。

治らないのだから、病院ができることはなくなるのです。その代わりに、福祉の人たちがやっている、集団での訓練クラスなどに参加するような別の活動があるようでした。

この合格の報告が、梅ヶ丘病院へ行った最後の日になりました。

「困ったことが起きたら診察に来てもいいのですよ」

と言ってもらいましたが、その後、**二度と行くことはありませんでした。**

今となっては、

「先生！　**障害が治りました!!　先生は治らないと言いましたが、治りました！**」

と、報告しに行きたい気持ちではありますが……。

2 「障害」から生まれ変わった

真新しい、そして少し大きい制服に身を包み、息子は入学式を迎えました。

毎日新しい体験ばかり、合格して憧れの学校の一員になれた誇り、その嬉しさいっぱいで通学していました。

同じ小学校出身の子がいないのも良かったし、塾で顔見知りのお友達がいるので、全く一人ぼっちでもなかったことも良かったと思いました。

コウタロウが喜んでいる姿を見ながらも、毎日私は心配をしていました。

「問題を起こして障害が露呈し、クビになるのではないか」

この心配が頭から離れませんでした。

中学校2年生になってから、

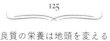

「僕は、ブラスバンド部に入ることにした」

というのです。部員の少ないブラスバンド部のお友達が誘ってくれて説明を聞きに行くと、先輩がハンバーガーを食べさせてくれた、それが嬉しかったというのです。

（ええ？　よりにもよってブラスバンド部？）

私は内心うろたえました。息子がやりたいことを止めるのは良くないと思っていましたが、息子のせいで皆に迷惑をかけることになるのは避けたいと思ったからです。

「僕のパートはパーカッションだって。お母さん、パーカッションってどんな楽器？」

そんなことも知らないのに、ブラスバンド部に入ってしまった。しかもパーカッションなんて絶対に無理です。

というのも、息子は障害が要因で運動機能が劣っていますし、リズム感も欠けていました。幼い頃から家や車の中で音楽をかけて、リズムに合わせて手足を動かしたり手拍子をする訓練をたびたびしていましたが、息子は全然できませんでした。

小学校の６年の時の音楽会で息子の担当が竹か何かでリズムをとることになった時

などは本当に大変でした。〝ウンチャ、ウンチャ〟の2拍子が全然できず、ペットボトルに小豆を入れたものを持ち歩いては、時間の隙間を狙って練習させるのですが、結局、同じ拍子をずっと叩くことはできないまま音楽会を迎えてしまいました。

それなのに、息子は自分の意志でブラスバンド部のパーカッションになってしまいました。タンバリンや太鼓、そしていずれはドラムを叩くことになるでしょう。コウタロウがポンと一つ変な箇所で叩いてしまったがために曲がダメになってしまうかもしれないのです。

そこで私は知り合いに紹介してもらい、ドラムの先生をつけました。月に2回くらいだったと思いますが、スタジオを借りてドラムを初歩から習い始めたのです。

中学3年生の文化祭で、息子は1曲だけドラムを叩かせてもらいました。その姿を撮った映像を、私の妹に送りました。赤ちゃんの時からコウタロウを見ている妹なら、必ず誉めてくれるからです。

映像を見た妹は泣きながら電話をしてきてくれました。

「あのコウタロウが、6年生の時もウンチャウンチャの手拍子もできなかったコウタ

ロウが、両手両足を使ってドラムを叩いているんだよ。すごいことだよ！　お姉ちゃん、わかってるの？　気づいてないの？　コウタロウはもう障害じゃないんじゃない？　あれから7年経ってるんだよ」

私も涙が出てきました。

「あれから7年経った」

「あれから」とは、「アロエベラジュースを飲み始めてから」という意味です。アロエベラなどの栄養素を摂って血液が健康になり、次々と細胞が良い細胞に入れ替わって、身体全体が入れ替わった。**人間の身体は7年で全部入れ替わり、生まれ変わる**といわれているのです。

「あれから7年経って、生まれ変わって、障害じゃなくなったんじゃない？」

妹にそう言われて気づきました。

生まれ変わったのかもしれない。

確かに、家庭でも学校でも、もう心配なことは全くなくなった。お友達ともうまくやっているし、後輩の面倒もみている。絵も上手に描くし、音楽もいろいろと楽しんでいる。

「細胞全部が生まれ変わり、もう障害はなくなったのではないか」

そう思えてきたら、涙が止まりませんでした。

長い間私の上を覆っていた黒い厚い雲がすーっとなくなり、明るい光が差し込んできたような気持ちでした。子どもが生まれてから初めて、やっと、安心することができました。世界が輝いたように思えました。

3 もう心配ない

学校生活は本当に楽しそうでした。勉強は全くしていませんでしたが、友達と楽しくやっているようで、文化祭、体育祭などの行事にも熱心に取り組んでいました。部活動では学年が上がるにつれて後輩の面倒をみるようになり、また、音楽が好きになってCDを聴きまくり、ロックの歴史などにも詳しくなっていました。そんな楽しい日々を過ごしながら、駒場東邦高等学校にそのまま入学し、高校生となりました。

その頃には全く障害があることを感じることはありませんでした。学校生活でも人間関係やコミュニケーションでつまずくことはないようでした。

日常の会話の中でも、自分の考えを持っていることが感じられて、それがまた面白く、いつも私は感心してしまいました。自分の意見をしっかり言える姿などには自信を感じ、私は安心できました。大丈夫だな、**信頼できる一人の大人になりつつある**な、と思えるようになっていました。

なかなか起きない、部屋が散らかっている、提出物を出し忘れる、などのことはありましたが、それは障害をもっていなくてもあることです。障害児を育てていると、どれもこれも心配で、すべて障害のせいのように思えてしまいますが、少し引いて見ると、案外普通の子でも忘れものがあったりします。

大丈夫、これくらいは普通。心がざわついた時はよく自分に言い聞かせていました。ブラスバンド部での活動でも、自分の役割をこなし、皆で話し合い、部全体のことを考えていたようでした。コンクールや文化祭の後の打ち上げ後に後輩を家に連れてきた時の様子などは、落ち着きと思いやりがあり、その姿に成長を感じて嬉しくなりました。

普通の家では普通の成長でしょう。しかし私は何年間も梅ヶ丘病院の待合室で「治らない」現実を見てきていました。高校生になっていても、やはりコミュニケーションや団体活動は難しいだろうな、と思える姿をたくさん見ていました。ですから、息子のお友達との様子、後輩の面倒をみる姿に成長を感じると、大きな喜びと安堵を覚えました。

「勉強ができない」という問題は学生時代だけのことで、**その後の人生の方が長い**のです。**人間関係に問題がない、場に合わせた楽しいコミュニケーションができる**、このことこそが、一番大切で望んでいたことでした。

私はコウタロウに障害があることは、すっかり忘れているようになりました。

4 大学受験

毎日楽しい学生生活を送り、学校からも、口うるさい母親からもさほど束縛されることなく、中学、高校と約5年間、ほとんど勉強らしい勉強をすることがないまま、ついに、大学受験が目前の高校3年生になってしまいました。

天下分け目といわれている大切な高3の夏休みも、ほとんど勉強せずに終わってしまいました。

「勉強は本来、自分が興味があることを知りたくてやるもので、受験に受かるためにするものではない、点数を取るために興味のないことを勉強するのは嫌だ、おかしい。納得できない」

と、言うのです。

息子はなかなか勉強する理由を見つけられず、また、受ける学部も見つけられずにいたのでした。

これは後にわかることですが、アロエベラジュースを飲んでいる子どもたちは血液が綺麗なせいか、すごく**自然な考え方**をするし、**本質的な傾向**があります。「人に言われてやる」とか、「皆がやっているからやる」という風には考えられないのです。本人が納得し、必要を感じないと行動に移せないのです。

ところが、勉強もせずに『ドラえもん』や『人間失格』や筒井康隆を読んでいるうちに、

「哲学をやりたい。哲学科に行く」

と言い出しました。やりたい方向を見つけたみたいでした。すでに秋になっていました。

そして、志望校は東京大学になりました。

5 合法的ドーピング

アロエベラジュースなど3点セットを摂り始めてから9年が経っていました。その間私は、中学受験で栄養素の効果を実感していたので、その仕組みやアロエベラジュースのことなどをもっと勉強したいと思い、熱心に勉強会に通っていました。何年経っても、何回講演会で話を聞いても、そのたびにアロエベラという植物の力に感動しました。そして、代替療法で行われる**メガドース**（大量摂取）がもたらす想像を超えた効果を知りました。メガドースというのは、ガン治療などにおいてビタミンCなどを大量に投与する時によく用いられるのですが、代替療法の病院では30kgくらいの野菜を蒸したり潰してジュースにしたりして食べさせるそうです。それを応用してアロエベラジュースなど3点セットを大量に摂取し、難病から救われた例をいくつも知りました。少し摂るのと大量に摂るのでは、結果が全然違うのです。

私はそのメガドースをコウタロウにしようと思いました。

勉強していないのだから、普通では間に合わない。ここはひとつ、食べものの力を借りて、**身体と脳に大量の栄養素を送り込み、脳を最高の状態にしたら、想像を絶する力が発揮できるのではないか？**と考えました。

コウタロウがまだ『ドラえもん』と『人間失格』を読んでいた、9月の半ばか終わり頃だったと思います。

アロエベラジュース　５００㎖
ポーレン　40粒
プロポリス　10粒

を、毎日食べさせることにしました。

お金はかかりますが、よそのお宅が中学の頃から塾にかけている額よりは安いです。

朝、大量の3点セットを目の前に出された息子は、

「はあ？　ふざけんな。こんなに食べられるか。頭おかしいんじゃないの？」

と私を避けて逃げますが、その息子を追いかけ、玄関の息子の靴の上に乗って、右手に大きなコップに入ったアロエベラジュース、左手に大量のポーレンとプロポリスを乗せて、顔の前に出し、仁王立ちしました。

「これ食べてからじゃないと行かせない！」

こっちが諦めなければ、向こうが諦めます。そんなやり取りを繰り返したあげく、結局、毎日食べてくれることになりました。息子が折れてくれたのです。

こうして、毎日大量の特別な栄養を与えていたので、息子が大学受験を諦めそうになっても怯まず、

「大丈夫。間に合うから。**うちは特別なものを食べているんだから**」

と、言えるのです。

しかし、本当は内心ひやひやです。私は月にまで祈る状態。部屋中に「合格おめでとう」と書いた紙を貼って潜在意識で合格させようとしているほどでした。ある日、息子に、

「東大合格を一番信じてないのはママだよね。『明日、太陽が上りますように』って書いて貼るか？　本当に信じていることは書かないでしょ？」

と言われる始末でした。

確かに、本当に信じていたら必死には祈らないでしょう。きっといつも心の中では大丈夫と思っているでしょう。その母親の本心がちゃんと子どもにも伝わるんだと思

いました。だから、いつもいつも、「大丈夫、なんとかなる」と思い続けました。

ある時は、息子の同級生に、

「お母さん、コウタロウ、全然勉強してないですよ」

と、心配されました。またある時は、同級生のお母さんから、

「〝学校一勉強してない男〟と呼ばれているらしいよ」

と教えてもらいました。そのたびに私は、

「大丈夫、**脳がフェラーリ状態になっているから走ったら速いの**。今は車庫に入ってるけど」

と、苦笑いをしながら答えていましたが、誰もがキョトンとしていました。

コウタロウの頭は今、スーパーフードのメガドースでフェラーリ状態なのですが、常識ではわからないことをしているから、誰も理解できなくて当然です。でも私は知っています。**食べものが違うと身体も心も違ってくる**ってことを。

12月になっても必死に勉強する様子はありませんでした。頑張っていないし、たっ

ぷり寝ているので疲れていないし、身体はすこぶる元気で、風邪もひかず、インフルエンザが流行っていても心配はありませんでした。センター試験まであと1か月、学校もお休みになっているので、部屋で寝ていたりゴロゴロしている息子を見る私は、それでも黙っているのが辛い日々でした。

12月25日、山が動き始めました。息子が部屋からふらっと出てきて、

「あのさあ、参考書を買いに行くから、お金ちょうだい」

と言うのです!!! 私は、

「え? え?」と、訳のわからない声を出しながら急いで財布を出して、ホストにお金を渡すおばさんのように、2万円を息子の顔の前に出し、

「これで好きなだけ買ってきなさい!!」

と、言いました。

息子は近くの紀伊國屋書店に行き、数ⅠAと物理Aの参考書を買ってきたようでした。それから20日あまり、それをやったのでしょうか。わかりませんが、とにかくセンター試験に向けて勉強し始める気持ちにはなっていたようです。

年が明け、センター試験を受けました。翌日自己採点をしたところ、760点は取れているのではないかということになりました。なんと、**東大の足切りを免れた**のです。これには周囲もびっくりです。

中学の頃から塾に行ったり、真面目に勉強している人がたくさんいます。常日頃から頑張り、学校のテストでいつも上位に名前の出ている人もいます。しかしそんな子たちでも、センター試験で実力を発揮できずに、東大の足切り点に届かず、泣く泣く出願を諦める人もいます。

そんな中、すべての模試でも、センター模試でも最悪の成績だった息子が、この4か月くらいでどんどん伸びて、センター試験で8割5分を超えて、東大を受験することができるようになったのは、ただただ、栄養の力としか考えられないと私は思っています。

12月25日、フェラーリの車庫のシャッターが、パっと開きました。それまで休んでいたので、体力も十分で、勢いよく走り出します。**走ったら速い**のです！　早くから出発している普通の車たちは、年末にもなれば疲れてきているし、身体にガタもきて

いて、休憩していたかもしれません。とにかく後ろから、強力なエンジンを積んだフェラーリが元気に走り去っていったような映像が、私の頭の中に見えました。

また、**栄養、特にビタミンとミネラルが豊富に摂れていると、ストレスに強くなります。ストレスによる体調不良もないし、何より本番でも緊張しない**のです。それもすごく良かったことの一つです。

本番で緊張して本来の力が出せない子は少なくないと思います。アロエベラジュースなど3点セットを摂っている子どもたちには、そういうことがないのです。

東大に出願し、２月25日の本試験に向けて勉強が始まります。ここからが本番なので相変わらずアロエベラジュースとポーレンとプロポリスの大量投与を続けていました。とにかく栄養は摂れている。体調は万全。

高校生にもなれば、私たち母親ができることはほとんどないのです。信じて、応援するだけです。あとは、体調管理のための食事管理くらいです。

受験生は夜遅くまで塾などで勉強して帰ってきますから、家のご飯が食べられない毎日になっている子がほとんどです。私はそのことをとても危惧します。食べもので身体も脳も動かしているのに、外の食事、もしかしたらコンビニ弁当やハンバーガーかもしれません。１日に10時間以上も勉強している受験生が、栄養のバランスの整っていない食事を続けていたら、脳に栄養がいかなくなって効率が悪くなっていくだけでなく、身体にも不調が出るのではないかと、本当に心配になります。そんな時にも、**栄養バランスを整えて身体と頭と心を支えることができる食品がある**ことを、たくさんの人に知ってもらいたいと思います。

6 東大は不合格

2月25日・26日に、無事に東京大学受験に行くことはできました。

あの発達障害のコウタロウが東大を受験する、それだけでもすごいことで、10年前には考えもつかないことでした。なのにそんなことも忘れて、東大合格を一心に祈っていました。

私は合格発表をこっそり見に行きました。恐る恐る奇跡を信じていきましたが、コウタロウの番号はありませんでした。東大は落ちたのです。

勉強が全然足りていないのだから当然といえば当然なのに、私は張りつめていた気持ちの糸が途切れたのか、力が抜けてしまって、帰り道、本郷の駅の前で座り込んでしまいました。立てなくなってしまって、こんなことは初めてで、自分が相当にがっかりしているんだ、と、初めて気づきました。

息子もやはり落ち込んでいて、翌日までほとんど話をせずに臥せっていました。勉強が足りていないのはわかっていても、やっぱり受かりたかったのです。

夜になって、翌日には後期試験があることを思い出し、受けに行くかどうか悩みました。筑波大学に後期試験の願書を出していたのです。受かったら行くのか、本当に筑波大学で学びたいのか。息子が自分で決めるしかないのです。夜中になってしまい、「とりあえず行ってみよう、面白そうだし」ということになり、翌朝5時に起きて試験を受けに行きました。

筑波大学は合格しました。息子は浪人するか、筑波大に進学するかで少し悩んでいましたが、受験勉強が好きではないのだからと、そのまま筑波大に行くことになりました。

大学で学ぶうちに哲学の中の倫理学に興味をもち、京都大学にいる先生に教わりたいということで、大学院は京都大学に行きました。

7 「食育」の意味

筑波大学、京都大学大学院と、コウタロウは一人暮らしになりました。その際、一番心配なのは食事です。高校卒業まで食べものには特別に気をつけていたので、一人で暮らして本当にちゃんと食べるのか？　そのことばかり心配で、電話しても「ちゃんとしたものを食べているの？」これしか聞かないくらいでした。

しかし、もう仕方がないのです。どうせ答えは「食べてるよ」です。見張れないし、指図したところで、何をしているのかわからないのです。アロエベラジュースなどを送るくらいしかできないのです。

子育てをしていると、「食育」という言葉によく出会います。私が子育てを始めた頃は、食育に関して変な流行がありました。

「好きなものを好きな時に食べたいだけ食べさせ、食事は楽しくした方がいい」というような、内容より気持ちを大切にする考え方でした。野菜もすべて残さず食べましょう、なんてことは時代遅れのような風潮でした。

でも、私には違和感がありました。私は「全部残さず食べた方がいい」と思って生きてきたので、なかなかそのように自由な食事のさせ方はできませんでした。幼稚園の頃は、お迎えしてから皆で遊んでそのままお昼にする時など、食事もそこそこに遊び始めるお友達の中で、食べ終わるまで、また、全部食べるまではコウタロウを遊ばせないでいた私は、異質に厳しい親のようでした。

「コウちゃんがかわいそう」とママ友に言われたこともたびたびでした。でも、**身体が食べたものでできている**ことは間違いないので、やはり食事は大切です。これは譲れないことの一つとして、私は頑張ってきましたし、そのおかげで息子は**何でもたくさん食べる子**に育ちました。

高校2年の頃からは、肉は食べずに「にわかベジタリアン」のようになっていました。お肉を入れないお弁当は大変でしたが、息子の希望なので（悪いことではないの

で）、仕方なく3食肉なしを続けていました。息子曰く、

「欧米のミュージシャンはベジタリアンが多い、神からの啓示で曲を書く。僕も大学受験の答案を神からの啓示で書きたいから、ベジタリアンになる」

ということでした。「それならそうしましょう」と、私も頑張ってきましたが、はたして、地方に一人で行って食事は大丈夫なのでしょうか？

帰京した折にゆっくり食事のことを聞いてみると、やはり牛丼屋さんに皆と行ったりするようなことになっていました。

「僕はＫＹじゃないから、肉は食べないなんて言わないよ。でも、みんなが１００円足して大盛りにするところ、僕は１００円足してサラダを追加してるよ」

ということでした。学食で食べられる時には、だいたい定食を頼み、おかずは焼き魚か煮魚、小鉢の煮物などを必ずつける、と言っていました。


「食育」とは、「**食を選べる人に育てる**」ことではないかと思います。

「食べたいものが身体に良いものであるようになる」ことが理想です。

子どもたちはそのうち必ず自立し、外で食事をするようになります。その時に食べたいものを考え、お店を選び、注文するのです。外食にしろ、内食にしろ、何を食べるかを自分で決める日がきます。その時に、**食べる価値のあるものや、食べない方がいいものがわかるようになっていてほしい**のです。さらにいいのは、「**身体にとって良いものが食べたいものであるようになる**」ということではないでしょうか。

「**18歳までに食べたもので、その人の食傾向が決まる**」といわれています。私たちが毎日子どもに食べさせているものが、子どもの好物になりやすい、ということです。親の責任は重大なのです。

コウタロウは、コーラなどはめったに買わないし、自動販売機で何でも買える時でも、お茶か水を買います。ファーストフードのハンバーガーのようなものも食べません。美味しく感じないからです。今は別にベジタリアンでもないし、大学や会社の付き合いでどこに行っても皆さんと楽しく食べていますが、もし、肉ばかり何日も続いたらやっぱり野菜も食べたくなるし、魚が食べたくなると思います。もちろん、アロエベラジュースなどで補っているので栄養の極端な偏りが起こる心配がないし、もし、野菜が不足しているな、と思ったら、アロエベラジュースをたくさん飲めばいいので、安心していられます。私にとって一番大切な「息子の命」を支える息子の食事に、必要以上の心配をしないですむというのは、とても幸せなことだと思っています。

「食育」とは、**命を守る教育**です。食べさせる、それだけの教育なのです。毎日の食卓を完璧なものにするなんてほとんどの人が無理です。でも、気をつける、そして、**本当に良いもので上手に補助する**ことは、誰でもできる食育ではないかと思います。

大切に育てた息子は、7年間の一人暮らしを終えて、春に、臭くなって帰ってきました。我が家にいた高校生の時には臭くなかったのに、7年も一人暮らしをして変なものをたくさん食べたあげくに、臭くなっていました。なんか臭い。これを言うと息子はすごく怒っていましたが、なんか臭いんです。

ところが、帰ってきてから三か月で臭くなくなりました。やはり食事なのだと、改めて思いました。

頭も身体も心も、すべて食事で変わるのです。

エピローグ

1 その後の息子は

大学の学部4年を修了した後、息子はさらに研究を続けたいという希望を持っていました。それで、大学院への進学を決めました。

大学院は自分の大学でもよかったのですが、研究したいテーマについて、ぜひ師事したい教授がいるという京都大学大学院への進学を希望しました。1年浪人しましたが、無事合格でき、大学院修士課程へと進みました。

京都でも充実した研究生活を送ることができ、修士論文を提出後は、社会に出て働きたいと言い出し、自分で探してきたある企業に就職しました。

そして今は、社会人として日々、張り切って働いています。

小学校1年生の時、「脳に障害があります」と宣告された息子が、大学教育を受け、社会人として一人立ちできているのは、親の私としては、奇跡のようなことです。

「一生、息子の面倒をみていかなければ」と途方にくれていた私が、なんとか息子を一人前の大人に育てあげることができたことは、嬉しいという一言では表現しきれません。安堵の方が大きいかもしれません。

元気で、自由で、楽しそうで、心配がなくて、「本当によかった」と心から思う毎日です。

2 「子どもに望むことすべてを解決する方法」見つけました

ここまでにお話ししてきたように、私はちょっと難しい子を育てました。

しつけをちゃんとしないと、勉強もできるようにしないと、お友達とも仲良くしてほしい……。

そのすべてができなくて、なんとかしたいともがく七転八倒の子育ての中で、ついに、子どもに望むことすべてを解決する方法を見つけました。

それはなんと、**食べものだった**のでした。

「食べもので子どもの脳が変わる」

この簡単で誰でもできることを知っている人は少ないのではないでしょうか。

こんな簡単な方法があるのに、それを知らずにかつての私のように努力を重ねては辛い思いをしている人がいるのではないでしょうか。そんな方々に教えたいです。

「原因は努力不足ではないですよ」

「簡単に脳を変えられる方法ありますよ」と。

今、この本を読んでいる方も、ぜひ、周りの方に教えてあげてほしいです。

「お母さんの育て方のせいではないかもしれませんよ。栄養不足かもしれませんよ」

私はこのことをもっともっと早く教えてもらいたかったと思っています。

私たちが子どもを育てて、望むことは何でしょう。皆さんそれぞれ違うと思いますが、「幸せであってほしい」ということは同じではないかと思います。

「幸せである」ために私たちが望むことは、次の4点ではないでしょうか。

1　身体の健康
2　心の健康
3　脳力
4　高いセルフイメージ（自己評価）

私は、子育ての最終目的は、「セルフイメージの高い子にする」だと思っています。セルフイメージの高い人は「幸せ」感が強く、何かあって落ち込んでもすぐに立ち直る傾向にあるからです。

不思議と、**栄養のバランスがとれて身体が健康になると心も平安になってきます**。ストレスは大量のビタミンやミネラルを消費するそうなので、ビタミンやミネラルが欠乏していると身体にも不調をきたすし、ストレスに勝てなくなって、免疫力が落ちます。不安にもなりやすいのかもしれません。アロエベラジュースやポーレン、プロポリスをきちんと摂って育った子どもたちは（大人もですが）、**どことなく平和な、能

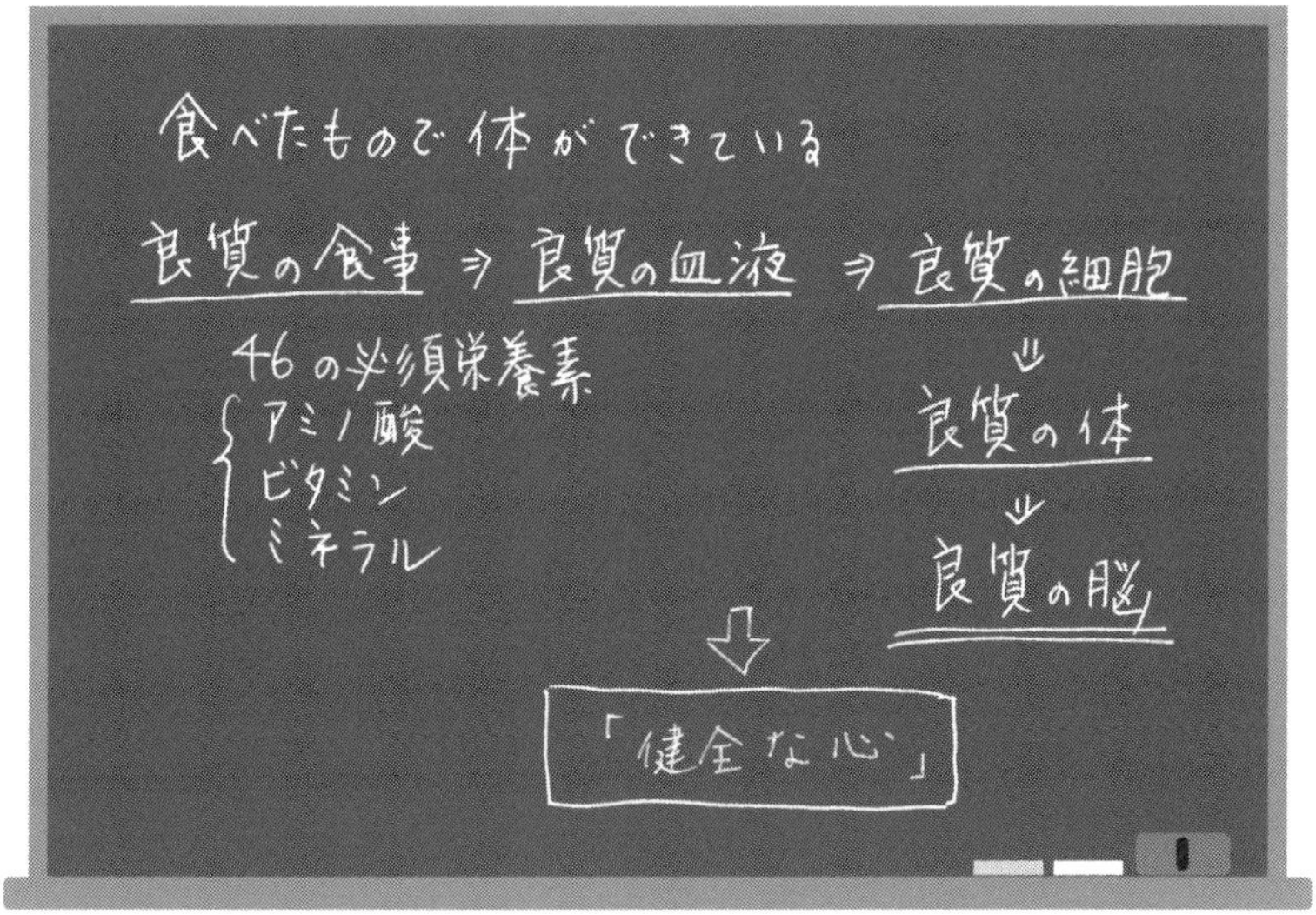

天気で愉快な感じがあるのです。人の言うことに惑わされず、マイペースで不平や不満や争いのほとんどない子が多いです。

　こうして、**体力があると気力も出て、生きていく上でのさまざまな課題に立ち向かえるようになっていきます。**

　その上に、**身体が良くなると頭も良くなってくる**ことがわかりました。脳が良くなってくるのです。

脳は何にでも使われています。

　もちろん生命維持も脳の命令ですべての器官が働いています。ものを考える、身体を動かす、判断する……すべてです。

そして、子どもにとってたくさんの時間を費やす「学習」にも脳は使われています。

脳のでき具合は人それぞれなのに、学校で子どもに習得を求める学習内容は皆同じです。小学校から高校までとしても、12年間、子どもたちは与えられた課題の習得を求められ、テストされ、点をつけられ、受験もしなければならなくなるのです。子ども時代はずっと、「勉強のでき」を評価されるのです。

また脳は、芸術や運動にも、どんな時にも、何をやる時にも、使われるのです。そしてその**脳の出来が、行動や努力の結果につながり、その結果の積み重ねが子どもの自己評価、セルフイメージを決めてしまう**のです。

ですから、身体が健康になって、心が健康になって、脳力が上がると、一番大切なセルフイメージが高くなるのではないかと思っています。

私たちが子どもの「幸せ」のために必要と考えている、心と身体の健康と脳力、これをすべて司っているものが「食べもの」だったのです。

「食べもの」で、身体の健康も心の健康も脳の発達も、すべてが叶えられたのです。

そのために最適な食品を見つけました。この最強アイテムを持っていれば、もう必要以上に子どものことを心配しないですみます。

今、すべてが解決して、心から安堵しています。健康の心配がない、自立している、今後何があっても大丈夫ではないか、と、思っています。息子は幸せそうです。

「幸せであってほしい」

この、親として子どもに望む一番大切なことが叶えられました。

20年前が嘘のようです。

3 地頭が良くなる!

私は講演会などでたくさんの方とお話しし、相談を受けることがあります。「うちの子はこうなんです」と、頑張っているのに成果がないことを嘆く相談もあります。私はそんな時に、「きっと頭が悪いのね~」と言ってしまうことがあります。皆さんは初め、ギョッとした様子です。「なんてひどいことを言うのだ」と。

私がそうはっきり言えるのには訳があります。

私は、「頭が悪い」ということが悪いことだと思っていません。「頭が悪い」のは本人のせいでも、親のせいでも、誰のせいでもなく、ただの栄養不足だと知っているからです。

また、私は「**頭が良い／悪い**」**と人の価値は関係ない**と思っています。

人によって体格が違うように、人によって頭が違う。

このことを私は知っているから、私は「頭が悪いのね」と平気で言えます。

背の高い／低いに人の価値が関係ないように、頭の良い／悪いには人の価値は関係ありません。**頭が悪いことは恥ずべきことではない**のです。生まれながらの出来で、本人の努力や心の持ちように関係ないと知っているからです。

うちの子は頭が悪かったですが悪い子ではありませんでしたし、不便ではあっても恥ずべき子ではありませんでした。

そして何より、私は「**脳は変えられる**」ことを知っているのです。

傷が治せるように、頭も変えられると知っているのです。

改めて私がお伝えしたいのは、「**誰にでもいい頭をつくれる方法がある**」という発見です。そして、それは少しも難しいことではなく、誰でもできることなのです。

もし、脳力が高い方が便利だと思うのであれば、脳は変えられるのですから、方法があるのですから、やってみてはいかがですか？　と、私は提案していきたいと思っています。

「勉強という努力以外に頭が良くなる方法がある」

このことを、心をこめて皆さんにお伝えしたいです。

ごくごく簡単な方法で、誰にでも可能なものです。親の学歴や教養、職業、収入、生育環境、遺伝的要素などのどれとも無関係です。

ただ、**脳に良い食物を摂取し、脳細胞の新陳代謝を促していくだけで「いい頭がつくれる」**のです。これには例外はないと思います。アロエベラジュースなど3点セットを愛用するたくさんの仲間が、子どもの脳力の変化を感じていますし、奇跡を起こしていますから。

さらに、女性が妊娠の何年か前よりアロエベラジュースを愛用して産んだ赤ちゃんの発達の速さは、他の赤ちゃんと全然違うことも、たくさんの事例からはっきりしていることです。脳が違うのです。お腹の中で人間として出来上がる1個目の細胞から栄養豊かで良質なので、良質の身体になるのです。ここにも努力は関係ありません。誰でもできることなのです。

そして、私が強調したいのは、脳に障害があった息子でも、ここまでくることができたのですから、**健常児なら、どこまで頭が良くなるかわからない**ということです。私が思うに、誰でも望めば簡単に東大なりハーバード大なり行けるくらいの可能性があります。

また、人間は脳の一部分しか使っていないという説があります。進化の過程で脳が発達してきたにもかかわらず、食べられる量はサルの時と変わらないので、脳を使い切るエネルギーが足りないともいわれています。だからこそ、量は小さくとも栄養が詰まっていてエネルギーの高い食品を摂ることができたら、脳の持てる力をもっともっと使えるようになるのだと思います。

可能性は無限にあります。

「ウチの子はダメだ」と匙を投げる前に、子どもが伸びる可能性は無限に広がっているのだということを、ぜひ、知っていただきたいと思います。

私は今日までの14年間、毎月セミナーを開き、たくさんの方にこのお話をしてきました。食べもので脳力が変わると知ってほしいからです。聞いてくださった方々がどう感じられて、どう行動に移されたかはわかりません。それぞれの考え方で子育てをなさるので、祈るのみです。

それでも、どうしても心に留めておいてほしいのは、

「**子どもの口に入るものは、私たち周りの大人が担っている**」

「**子どもは自分では選べない**」

ということです。

どうか、**子どもの立場に立って、食べものを選んでほしい**と思っています。子どもの未来がかかっているのです。

未来を担う子どもたちが皆、心身ともに健康で夢を実現できたら、社会全体も幸せになるのではないでしょうか？

子どもも大人も皆が元気で笑顔でいる世の中になることを夢見ています。

私の体験から、皆さまが何かを感じて、新たな一歩を踏み出していただけることを祈っています。

あとがき

いつかタイムマシーンが完成して過去に行けるようになったら、私は真っ先にあの頃の自分を抱きしめに行きたいです。

毎日努力の甲斐なく幼稚園や学校の先生に怒られて、毎晩一人で子どもの寝顔を見ながら泣いている私、小さくうずくまり、絶望している私を、抱きしめたいです。

「大丈夫、必ず良くなるよ、すべてが大丈夫になる日がくるよ。諦めないで頑張ってね」

と、励ましたいです。

未来に希望が持てませんでした。頑張ってもなかなか結果が出ずに絶望し、自分を責めて、子どもと死んでしまいたいと思っていました。

こんな日が来るとは知らないからです。

誰も誉めてくれないし、励ましてくれなかったからです。

夜、一人になると悲しくて、もう、何もかもやめて、死んでしまいたいと思っていました。

それでも、翌日屈託のない息子の笑顔を見て、またもう少し頑張ってみようと思う毎日でした。そうやってもがく中で、奇跡の植物と出会うのです。

人は本気で助けを求めれば、必ず何か答えがやってくると思います。

今、子育てに悩んでいる方がいるのであれば、この本が励ましになり、一つの答えになっていたらいいな、と思います。

あの頃の私に言いたいように、今、あなたに、何回でも、言い続けたいです。

「諦めないでください。自分を信じてください。お子さんの可能性を信じてください。必ず、明るい未来が待っています」

どんなことがあっても、誰に何を言われたとしても、決して諦めないでください。あなたのお子さんの未来がかかっているのです。

明るい夜明けは、もうすぐそこまで来ています。

あとちょっとなのです。

必ず良くなると信じて頑張っていれば、神様は見捨てることはありません。きっと大きなプレゼントをあなたとお子さんにくれることでしょう。さまざまな局面で、「助けてくれる人」「助けてくれるもの」に出会います。

私が「公文式」や「細胞が生まれ変わる食べもの」に出会ったように、**あなたと、あなたのお子さんに必要な人やものが必ず現れます。**

神様は未来を知っているからです。

神様は私たちが、どんなにわが子を愛しているかを知っているからです。

だから、諦めないでくださいね。

子どもたちには、無限の可能性があるのですから。

この本に書かれていることが信じられない方もいるかもしれません。この本の内容についてのお問い合わせは、巻末に記載した著者のメールアドレスへお問い合わせください。心をこめてお返事いたします。

この本を出版するきっかけを作ってくださり、私の伝えたい言葉を深く理解してくださっていて、いつも適切なアドバイスで、本の完成まで応援し続けてくださった木村千穂さん、また、中学受験の専門家であり、受験や中高一貫校などの知識を加えてくださり、執筆を助けてくださった千葉義夫先生、ありがとうございます。

そして、私に代替療法とアロエベラジュースのすごさを教えてくださり、いつも励ましてくださった高沼道子先生は、私たち母子の命の恩人です。高沼先生との出会いに心から感謝しています。

最後に、長年私のセミナーに参加してくださっている皆さん!! 皆さんの愛に励まされ、こんな私が本を作る勇気をいただきました。心より感謝しています。

いつも、本当にありがとうございます。

2018年12月

田中真紀

参考にした書籍・資料など

八木晟『家族の健康を守るアロエベラ――症状別こんなときに使う』現代書林、二〇〇八年
久郷晴彦『見てわかる図解版 アロエベラ徹底健康術』コスモトゥーワン、二〇〇四年
飯沼宗和監修「蜜蜂からの贈り物――奇跡のスーパーフード」現代書林、二〇一八年
末松俊彦監修「アロエベラ――健やかに育つ・健やかに生きるオール世代のスーパーフード」ヘルス研究所、二〇一七年
荒木陽子「ポーレンの力」ヘルス研究所、二〇一五年
山口武津雄「プロポリスで健康になる」ヘルス研究所、二〇一五年
梶原苗美・松浦紀美恵「健康栄養成分の宝庫 アロエベラ――生命の鎖をつなぐ46種類の栄養成分がほとんど含まれている」ヘルス研究所、二〇一四年
荒木陽子「ミツバチからの最強の贈り物 プロポリス――ガンや多くの病気に克つ物質」ヘルス研究所、二〇一三年
山口武津雄「花粉――美と健康を保ってくれる、バランス食品」健全社、一九九八年
「健康と美しさへの知識――現代病を克服する新しい栄養素療法」丹羽生化学研究所

付録 *1*

中学受験・塾・学校選び

読者の皆さんの中には、中学受験や塾や中高一貫校についてもっと知りたいと思っている方もいるかと思います。また、それらの現状がわからないと私の経験もわからないと思いますので、専門の方にいろいろ教えていただきました。

これから中学受験に臨もうとされている方や、将来、お子さんの中学受験をお考えの皆さんには、何かの参考になるのではないでしょうか。

中学受験なら進学塾？

進学塾に通う目的は、誰もに共通しており明快かつ単純です。それは志望校への合格です。中学受験については、その是非を含めさまざまな論議があるようですが、入学試験の得点というシンプルな基準だけで判断される点は、ある意味、非常に公平な制度だと私は思いました。

「得点至上主義」というと、何か悪いことのような響きもありますが、見方を変えれば、誰でも努力して得点さえマークすれば突破できる関門であって、一切の感情や他の要素を排除する公平性は、中学受験のメリットの一つではないかと思っています。

そして、その公平性があるために、多くの人たちが受験準備が大変であることを承知の上で、あえて中学受験という道を選んでいるのだろうと思います。バカなコウちゃんだって、受験させてもらえます。そして、点数が取れれば合格です。その準備段階の進学塾に入る際にも、成績以外の要素は全く加味されません。

もし、「この子は脳に障害がある」という事実を入塾にあたって塾に告知し、そのことを塾側が入塾にふさわしいかどうかの判断基準に含めたとするなら、コウタロウは入塾を許可されなかったかもしれないのですが、進学塾は、そんなことは一切無視して、入塾テストの結果だけで公平に扱ってくれました。これは息子が門を叩いた進学塾だけではなく、ほとんどの塾が同じ姿勢で受け入れてくれるのだそうです。

一見、冷淡に見える「得点のみ」という基準は、コウタロウの入塾にとってありがたい尺度となったといえるでしょう。

志望校選びのポイント

それぞれ学校ごとに校風や設立母体、学校設立の経緯などに違いがあります。いくつかの学校を実際に訪れたり、各校の学校説明会などに参加して、志望校を定めたらいいでしょう。受験はするだけでは意味がなく、合格を勝ち得て、その学校に進学するところに究極の目的があるのですから。

普通であれば、本人の学力をまず考え、合格可能性の観点から志望校を絞り込むという学校選択の方法が望ましいのかもしれません。現今の中学受験においては、学校が進学塾や大手模擬試験が設定している偏差値によってランク分けされているので、自身の偏差値と対照して妥当な志望校を選択しやすいようになっています。

◆親が選ぶ

中学受験は、時折「親の受験」と揶揄されることもあります。志望校選定において親の意向が色濃く反映するだけではなく、中学受験させるかどうか、それ自体も親が決定権を有しているからのようです。でも、それは当然のことです。受験するのは子どもですが、わずか12歳、13歳の少年少女に、学校が自分に合っているかどうかの合理的判断は難しいだろうからです。「受験する」という決断は子ども自身が下したとしても、そう考えるように仕向けたのは親でしょうし、親の助力なしでは、塾に通うこともできません。さらには、どの学校を受験するかを親の責任で選ぶことは、決して間違ったことではないと思います。

◆通学時間

まずは、通学に便利であることです。中学校・高等学校の計6年間も通う学校ですので、あまりに通学時間がかかってしまうと負担が大きすぎます。特に、息子の場合のように、中学校に入学したとしても、勉強についてのある程度家庭での補助が必要になるかもしれません。そうなると、あまり通学時間を多くとられてしまう学校では、学校生活そのものが成り立たなくなる恐れがあります。

◆共学？　男女別学？

私立中高の場合、学校ごとに校風が異なります。さらに、生徒構成において男子のみ／女子のみの学校、男女共学校、そして、授業は男女別でその他の学校生活は男女が一緒という形態の学校もあります。

男子校や女子校にはその良さがあり、共学には共学ならではの利点があります。

近年、特に首都圏ではどちらかというと共学校が多くなってきています。それまで男子校だったところが女子も募集するようになり共学化されたり、逆に女子校が男子を募集して共学とする学校も多くなっています。つまり、男子校・女子校は減少する傾向にあります。それでも、まだかなりの数の学校がありますので、お子さんの状況や性格なども考え、合った学校選びをされると良いと思います。

このように、様々な条件を考えて選択するのが志望校です。もちろん、入学試験がありますから確実に入学できる保証はないのですが、中学受験というものは、数ある選択肢の中から選ぶことができる機会だということだけは言えると思います。そして、その選択肢は誰にも平等に開かれた機会として提示されているのです。入学試験で得点さえ取れば入れていただけるのですから。

塾の勉強とは

息子が通っていたサピックスは、毎年、有名難関中学校には数多くの合格者を輩出しています。とはいえ、よりすぐられた成績上位者が万全の準備をし、鍛え上げられて合格しているわけです。

塾では、そうした難関校に対応できる内容が効果的にこなせるカリキュラムが組まれています。もともと基礎・基本がある程度できている子を対象にして、より高い学力を培っていく指導が展開されて、宿題も毎回、多いのが普通です。

首都圏の進学塾の場合、たっぷりと塾での指導時間を確保するため、夕食にあたるお弁当を持参して塾で夕食をとるというスタイルのところも多いようです。『塾ごはん』というタイトルの料理本が隠れたベストセラーになったといわれているほどです。息子の場合、塾で完全に理解してくるわけではないことが前もってわかっていましたから、塾にいる時間をなるべく少なくできるサピックスを選び、家で夕ご飯が食べられるようにして、家庭での学習時間を少しでも多く確保するように努めたのは良かったようです。

進学塾では、定期的にテストが実施されます。学習到達度をテストで計り、点数、順位、偏差値が出されることで学習意欲や競争意識を喚起して、より高い学力をつけていくことが、塾でのテストの目的だろうと思います。塾の一般的なお子さんや親御さんたちは、このテスト結果を非常に気にしているそうです。

中学受験を目的とする進学塾、それも成績上位者が集う難関塾に通いながら、厳しい中学受験を目前にしてもテストの点数や順位、偏差値で一度も叱られたことのない息子のような子はなかなかいないそうです。

中高一貫校のメリット

多くの私立中学校・高等学校は一貫教育を採用しています。つまり、高校入試がないのです。このことは、私立中高一貫校にお子さんを出した親御さんたちが、ほぼすべての人が述懐されるように、子どもにとっても親にとっても好ましいことです。

もちろん、高校入試がないということは、中学校の後半から高校にかけて、入試という目標を目指しての勉強はしない、いや、しなくてもいいということです。だから、どうしても緊張感に乏しく、いわゆる「中だるみ」の状態になってしまうことが中高一貫校の欠点であると指摘される人もいるようです。

はたしてそうでしょうか。多くの生徒は楽しくて仕方がないように学校生活を送っています。一般に中学校1・2年生の子から見たら、高校2年生3年生の先輩たちは、全く別の世界にいる大人にしか見えないようです。しかし、中高一貫校では部活動や生徒会活動で高校生が中学生と一緒に行動したり、さまざまな側面で指導もしてくれます。先輩の姿が自身の行動規範の基準にもなっているのです。そうした先輩の存在は、親や先生の影響力をはるかに上回っていると思います。こうした場面で、どう行動すべきか、どんな発言をしたらいいのかと、生活のすみずみまで先輩たちの存在が自然に反映されているように思いました。

ですから、高校受験をしなくてもいいということは、子どもたちを野放しの放任状態に置くということではなく、入学試験というプレッシャーがないところで、一人ひとりが自らを見つめ、個としてその存在を磨いていける期間であったような気がします。傍目に見ると「中だるみ」にも見えるのですが、多感な思春期にある子どもたちは、入学試験というような束縛から離れて、それぞれの個性を自由に発揮できる貴重な時間を得られる時期だと思うのです。

付録 2

子育てQ＆A

講演会などを通じて、皆さまからいただいた質問のうち、代表的なものを選んで「Q＆A」形式にしました。質問内容は順不同です。皆さまの子育てのご参考になれば幸いです。

Q

私は、フルタイムで働いている母親です。仕事も多忙で、なかなか田中さんのように、子どもにかかりきりで寄り添って育てることはできません。私のような場合、どうしたらいいと思いますか？　直截なアドバイスをお願いします。

A

子育ての目標は何でしょうか？

優秀な学校に行くことでしょうか？

人に自慢できるような子になることでしょうか？

人それぞれ違うとは思いますが、私は子どもが「自分は幸せだ、生まれてきて良かった」と思うような人になることだと思っています。自己肯定感です。私の息子は障害があり、客観的に人から誉められることが少ない子だったので、この自己肯定感を大切に育てました。自己肯定感が育つ条件は「愛を受ける」ことです。「ありのままを愛されている」ことを知っていれば、自分に価値があることが心の底でわかるようになるのではないかと思っています。

「**愛している、大切にしている**」**というつながりは、一緒にいる時間で測れるものではない**と思います。専業主婦でも、子どもに興味がなく自分の好きなことばかり考えていたら、そのうちに、愛の度合いが子どもにはわかってきます。

このご質問をされている方は、お子さんの側に寄り添って一緒に本を読んだり勉強をする時間が少ないと心配されているのでしょうか？　もし、それを気にしているのであれば、きっと短い時間でもすでにできる限りのことをやっているでしょう。そしてその気持ちがお子さんには伝わっていると思います。

でももし、「仕事で疲れて帰ってきて、今度は子どもの宿題を見なければ」とため息をついているのなら、そのマイナスの気持ちもお子さんには伝わっていると思います。

時間が短くても、食事やお風呂の時に、学校の様子を聞いてあげることはできると思います。一緒に考え、一緒に喜び、一緒に次の目標を決めることはできると思います。

側にべったりついていれば良い子・優秀な子に育つわけではないですから、離れている時にも、**お母さまがいつも何を思っているのか、そのことを大切に**したらいいのではないかと思います。

Q 子どもの発達のために、お勉強以外に何か習わせたいのですが、何がいいのか迷っています。

A 習い事については質問が多くあります。「習い事をやめたいと言い出した時にどうしたら良いか?」という質問もあります。

私がいつもお答えしていることは、まずは「何のために習い事をするか」を、親御さんである皆さんそれぞれに考えてから決めてほしい、ということです。

もし「いろいろと体験させたい」という思いなら、嫌になったらやめてもいいでしょう。

私の習い事への考えは、「何か一つ身につけさせたい」という目的です。何か一つ勉強以外でできることがあると自信がつくからです。また、「お稽古事を嫌になっても続けて、その結果上達し、いつのまにか身につく」という体験が、結果、小さな成功体験の積み重ねになるというメリットがあります。その目的から考えると、「**続ける価値のある習い事を選ぶ**」ことをおすすめしています。大人になって身についていたら人生の幅が広がるだろうなと思えるもので、無理をしてでも続ける価値があると思えるものを選び、「少なくとも10年は続けさせよう」と覚悟をして始めるといいと思います。

運動も芸術も右脳開発もお行儀も、と毎日のようにいろいろのお稽古に忙しくなっているお子さんを見かけますが、身につけるものは一つでいいのではないでしょうか？お子さんに自由な時間も作ってください。ぼーっと雲を見ているような時間が何かを育てることもあると思います。

また、お稽古事を選ぶのは周りの大人です。子どもの希望に振り回されないように、流行りすたりに振り回されないように、20年先まで続ける覚悟で選ぶことをおすすめします。

何か一つ、と聞かれたら、私は迷わず「ピアノ」を選びます。私の息子はピアノを習うことはできませんでした。大人になってピアノを弾けるようになっていたら素敵だったろうなと思っています。

Q

田中さんは、お子さんの中学受験まで勉強を教えられたそうですが、実際に中学入試問題を見てみると、とても私の学力では教えられる自信がありません。こういう親の場合、中途半端に子どもの勉強を見ない方がいいのでしょうか？

A

中学受験の問題は特殊で、プロに任せた方がいいのではないか、という意見が多いのですが、私は**親が見るのが一番いい**と思っています。

答えもついているし、解法も書いてあるので、案外大丈夫です。塾の解き方がわからなければ、子どもが塾の先生に質問してくればいいと思います（私は、私が塾の先生に質問しに行ったことがあります）。

家で親が教えることの一番のデメリットは、怒ってしまうことです。また、教えても子どもがなかなかできないと、「この子はできないんじゃないか？　これでは受からないんじゃないか」と、思い始めることです。

初めは誰でもできません。でも、以下のことに気をつければ、家で教える方が時間も有効に使えるし、効果が出ると思います。

①すぐに怒らない

何回やってもわからないのは普通。姿勢や態度、字の汚さに怒らない、書き直しや計算間違いを執拗にやらせない。

②できたらすごく誉める

できるまでに時間がかかっても、やったことを誉める。理解したことを誉める。

③子どもの能力を見限らない

すぐに理解できなくても、勉強したところを間違っても、諦めない。信じる。

④子どもを否定しない

「お前はだめだ」「そんなことでは受からない」「受験はやめろ」などと、言わない、思わない。

「塾の補習の塾」に行かせる方をよく見かけますが、子どもはへとへとになります。

また、お金がもったいないです。そのお金を栄養補助に使って、脳を強化した方が有効だと思います。

Q

いい頭をつくる食品として、アロエベラジュースとポーレンとプロポリスを紹介されていますが、アロエベラジュースとポーレンとプロポリスは、それぞれ違った作用を脳にあたえるものなのですか。どれか一つではいけないのでしょうか？

A

アロエベラジュースとポーレン、プロポリスはそれぞれが含む栄養素にも有効成分にも違いがありますが、どちらか一つでも、摂らないよりはいいと思います。

アロエベラジュースはネバネバ食品の仲間で、大腸を綺麗にし体内の不必要なものを出して、血液を綺麗にし、免疫力や治癒力を上げます。そこに完全食品であるポーレンが入っていくと、栄養素摂取が強化され、栄養豊富な血液ができ、良い細胞に新陳代謝されていきます。そして、プロポリスは病気を防ぎ、病気に強い身体をつくる。そんなイメージを私は持っています。**脳を活性化したいといった目的がある場合はポーレンを多くした方がいいと思いますが、健康維持などの補助食品としてはアロエベラジュースだけでも、摂らないよりはずっと良い**と思います。

Q

「読み聞かせ」が非常に効果的であるということは理解できますが、子どもが何歳くらいの時から始めて、何年生ぐらいまで続けるべきでしょうか。また、どんな本を選んだらいいのか教えてください。

A

「読み聞かせ」は、０歳（生まれる前でも）から始めるのか一番いいでしょう。７か月の時に読んであげた本の話を２歳になってから子どもが話し出した、という話を聞くくらい、0歳でもちゃんと脳には入っています。

また、「読み聞かせ」は大人にとっても嬉しいものです。「朗読会」など、行ってみるとなかなか楽しいものです。ですから、何歳になっても続けていけたらいいと思います。とはいっても、実際は中学生くらいになると捕まえておくのが難しくなってしまうので現実的ではないのですが、私は新聞や雑誌の記事など、面白いものがあった時にできるだけ読んで聞かせました。案外聞いているものです。中学校で授業前に読み聞かせをしたら、クラスが落ち着き、成績も全体に上がったという記事を見たことがあります。読み聞かせはとても脳にいいのです。

読む本は何を選んでもいいのですが、古今東西の名作といわれているもの、また、アンデルセンやイソップなどの童話、日本昔話など、知っておきたい話の本は必ず入れた方がいいと思います。私はよく図書館に行って、毎回借りられる5冊のうち、子どもに自由に3冊を選ばせ、私が2冊を選ぶというかたちを取っていました。

息子が高校生の頃だったか、お友達を連れてきて部屋で遊んでいる声が聞こえてきたことがありました。

「小さい時お母さんが本を読んでくれたよな」

「ああ、なんか嬉しかったよな」

みんな本当は嬉しいんですよね。だから、できれば**小学校3年生くらいまでは頑張って、読み聞かせを毎日してみてください**。ゲームをしてる後ろから、背中に向かってでも、めげずにしていると、その気持ちは子どもに通じます！

Q **小学校5年生の男児です。この子が理系に向いているのか文系向きなのか判断がつきません。どうしたら理系人間か文系人間かがわかるでしょうか？**

A 算数が苦労なくわかるなら理系、国語が好きなら文系、そういった理解が一般的かもしれません。しかし、国語が好きな理系の人もいるし、算数が好きな文系の人もいます。

ではなぜ、理系か文系かを知りたいのでしょうか？

早めに大学受験の準備にかからせたいのかもしれません。でも、あまり心配はいらないと思います。高校2～3年になると、子ども本人が自分の行きたい学部を選びますから大丈夫です。

また、現在の学問は以前とは異なり、あまり文系・理系という区別は意味がないともいわれているそうです。これまで理系と思われていた分野であっても芸術や文学などの理解が役立ったり、文系の学問においても数学が必要であることは珍しくありません。そして、そうした学問の垣根を越えた学際的研究の重要性も説かれるようになってきています。

そう考えると、**高校2年まではあまり偏った科目選択をしない**ようにした方がいいと思います。

Q

今は、できることなら子どもに中学受験をさせたいと思っています。でも、実際に受験を経験したお母様から「中学受験を中途半端なかたちですると弊害も大きい」という話を聞き、迷っています。中学受験に弊害もあるのでしょうか?

A

中学受験の弊害を、「子どもは遊ぶのが仕事なのに、大切な小学校の時代に遊ぶ時間が少なくなる」「そのために、性格が偏った人になる」と言う人がいますが、「性格が偏っておかしい」人は、息子の学校にはほとんど見受けられませんでした。

私が思う「中学受験の弊害」は、「小さい時に偏差値がつく」ことだと思います。まだまだ伸びる途上にある子どもの力を、中学受験の偏差値で決めてしまうのはもったいないのですが、そう思ってしまう人が多いようです。その先入観により、現に、高校の大学進学実績は、中学受験の偏差値順になってしまっています。

私は地方出身で、中学受験などなかったので、高校の時に目覚ましく伸び、難関といわれる大学に進学する人をたくさん見ています。「この高校の上位10人にいれば国立大学に行ける」などという情報を信じないように気をつけて、**中学受験はあくまで途中経過だということを踏まえていられる親であれば、弊害はない**と思います。

Q

「公文式」学習についてお尋ねします。「公文式」を高く評価される方もおられる反面、「公文式は条件反射的な作業を強いるだけのもので、思考力を培うことができないから好ましくない。特に中学受験をするのであれば有害無益だ」というご意見を聞いたことがあるのですが、本当ですか？

A

私もそう思っていましたが、きちんと続けた人はそうではないことがわかってくると思います。塾の上位クラスの子のほとんどが公文をやっていたようで、中学受験の問題を連立方程式で解くのは、うちの息子だけではなかったようでした。

公文でも学研でも何でも、おうちでの確認は必要だと思います。子どもが反射的にやっているのかどうか、理解してやっているのかどうか、やはり見てあげる必要はあると思います。分数の計算はできているのに、「1メートルの2分の1は？」と口頭で聞くと答えられない、こんな子はたくさんいました。

公文のメリットは数々ありますが、私が一番良かったと思っているのは、**小さな成功**

体験を積み重ねられたことです。子どもに自信がつきました。それは公文に限らず、お稽古事などでもそうですが、苦しい時を乗り越える経験を何回もさせてあげることが、親の仕事ではないかと思います。

「やめたい」と子どもが言った時にどうするか？

人それぞれの意見があると思いますが、一つくらいは「ずっと続けてきたもの」を子どもに持たせてあげたいと思います。小さな成功体験を積み重ねることは、子ども一人ではなかなかできません。あえて厳しくして、「続ける」ことを助けてあげるのが親の優しさだと思います。

学習にしてもお稽古事にしても、「続ける価値のあるもの」を選ぶといいと思います。

Q

通っている塾の先生から、「中学受験指導の経験もない親御さんが塾の教材について家で勉強を見てあげることは、解法が塾と違ったりして混乱するのでやめてほしい」と言われました。家では勉強を教えない方がいいのでしょうか？

A

このご質問については、専門家の方にご意見を伺いました。

その結論は、「塾側は歓迎しないかもしれないけれども、**家庭で親が勉強を教えることは、むしろ望ましいことだ**」という回答でした。

ただ、一口に「家で教える」といっても、そう簡単ではありません。勉強が難しいということより、教える親の側がガマンできるかどうかという点が困難だと思います。勉強の難しさは、親が頑張ればなんとか克服できないこともないのですが、いくら教えても効果が出そうにないと思った時、親の側が耐えられなくなってしまうことが多いようです。

私も何度もそんな絶望感に襲われました。

でも、**お子さんを信じ、ご自身を信じて、一緒に勉強することとの意味を考えてお子さんと二人三脚で勉強に真正面から向かうことには大きな意味がある**と私は思っています。

どうか周囲の雑音に惑わされず、信念を持ってお子さんとの勉強を開始してください。

Q

中高一貫校の教育は望ましいと思っています。でも、きょうだいが複数いてすべての子を私学に出すのは経済的に難しいと思います。そこで、公立の中高一貫校を検討しているのですが、倍率が非常に高く、合格しにくいそうです。公立中高一貫校への合格の秘訣はありませんか？

A

これも、私の知識の範囲外の部分がありますので、専門家のご意見を伺いました。

確かに公立中高一貫校の入試（選抜）倍率は私立中をはるかに超えて高くなっています。近年は少し落ち着いてきたようですが、それでも依然として高い倍率での競争が展開されています。

ただ、あまり準備していなくても受験だけはしてみようというチャレンジ層も少なくなく、そのことが高い倍率の原因の一つになっているので、ご家庭で、公立中高一貫校を目指して準備をして臨むことで、かなり合格に近づくのではないかと思います。

そのための準備として、志望校だけではなく、他の公立中高一貫校の試験問題についても、過去の出題を丹念に調べ、親子で楽しみながら問題にチャレンジしてみるといいでしょう。**決まりきった解法を覚えるという勉強法ではなく、それぞれの出題についてその場で自分の頭と持っている知識を総動員して臨むという姿勢で臨めば、合格に近づける**はずです。

どうか、頑張ってください。

Q

国際化が急速に進んでいる社会の中で、できることなら子どもをグローバルな場で活躍できる子に育てたいと思っています。どのようなことに留意して親は子どもに対応していったらいいのでしょうか?

A

グローバルな場で活躍できるということは、世界中どこでも活躍できるということだと考えて良いのではないでしょうか。

私は**外国語が自由に話せることが国際人だとは思いません**。外国語能力は技能の一つに過ぎず、それだけではグローバルな場で活躍することはできないだろうと思います。むしろ、場合によっては、外国語が話せなくて、一歩も国外に出ることはなくても、グローバルな生き方ができている人はいるのだと私は思います。

私は、子どもに自信があれば、どこに行っても、誰に対してでも、自分の意見を言えて、平常心でコミュニケーションを取れて楽しめると思います。**自分に自信が持てるように育てるにはどうしたら良いか、考えながら育てる**と良いと思います。

私のセミナーでもよく話しますが、人は全員違います。自分を認められる人は人も認められます。

「人と違っても良い」

このことを子どもにわかってもらいたいと思っています。

私はラッキーにも障害児を育てたので、子どもを他の子と比べることがほとんどありませんでした。ですので、他の子を引き合いに出して怒ったり、誉めたり、やる気を出させようとしたことがありません。

「この子はこの子」。そうすると子どもも、

「自分は自分、人は人」となり、そのうち、

「人と違うくらいが面白い」

などと思うようになって、人と自分を比べて自己評価を下げることがなく、平和に楽しく生きていくようになります。

また、日頃から、子どもと意見の交換をするといいと思います。

生活の中のことでも、学校で起きたことでも、テレビのニュースでやっていることでも、「あなたはどう思う？」と聞いてみてください。子どもは子どもなりにいろいろ考えているし、その意見は面白いです。

その際、子どもの意見を否定しないで、「そうなの？　あなたはそう考えるの」と感心するだけにしたらいいと思います。人それぞれ意見は違うし、子どもといえども別人格。否定されない、馬鹿にされないことがわかると、子どもは自分の意見を堂々と言うようになってきます。その訓練を気をつけてしていないと、大学受験や就職の面接の時に、「自分の意見」ではなくて、「正しい意見」を言おうとして、自分の気持ちが相手のハートに届かないようになってしまいます。

神戸の震災の時、食べものの配給で大騒ぎになった話を聞いて、自分だったらどうす

るかを考えたことがありました。息子が小学校の3年生くらいの時に、その話をしてみました。

「おにぎりが1個だけ配給されて食べようとしたら、弱ったおばあさんが来て、そのおにぎりを欲しいと言ったらどうする？」

と、聞いてみたのです。

「ぜったいあげない」

と、息子は言うのです。私はドキッとしました。息子は十分、「正しそうな答え」がわかる年です。でも、本当の気持ちを言ったのです。「あげない」と。道徳的に、倫理的にどうなのかは、私にはわかりませんが、でも少し安心しました。私にとっては息子の命が一番大切だし、そういう時に、自分の命を守ることができそうだと思って安心したのです。いけないことでしょうか？

また、「正しくなさそうな本心」を言っても、私に怒られない、嫌われない、と息子が知っていることがわかって、嬉しくもありました。

何が正しいかはわかりませんが、「自分の意見」を聞かれた時に堂々と言えるように、まずは身近な私たち親が子どもの考えを聞いてあげることがいいと思います。

Q

中学受験をして私立中高一貫校を選択する場合、大学附属校と進学校に大別できると思うのですが、どちらに進学した方が子どもの可能性が広がるのでしょうか。また、大学附属校、進学校のメリット、デメリットがあれば教えてください。

A

各家庭の価値観で選ばれたらいいと思いますが、私は進学校がいいと思っています。

子どもの成長の中で、赤ちゃんの頃のイヤイヤ期から始まっていろいろな成長期があると思いますが、私は、高校2年は大きな変化の時だと思っています。自分をとりまく世界のだいたいのことがわかって、人と自分の違いもわかって、その中で自分がどう生きるか、何がしたいか、何ができるかを考え始める。そして進路を考えるのです。高校3年の時には学部を選ぶのです。

附属の大学が子ども自身の行きたい大学とは限らないので、附属の大学がある必要もないのではないか、というのが私の考えです。

進学校ではどこの大学を選んでも対応できるように授業が組まれているので、選択肢が広がると思います。

ただ、例えば家業や親の会社などの跡取りになることが決まっていて、**人脈を広げることが大切な家には附属校はメリットがある**と思います。そして大学受験の勉強に時間を取られることなく、のびのびと学生生活を楽しめることも附属校のメリットでしょう。

Q

脳に十分な栄養を供給する食べものによっていい頭をつくることができるというのは、理解できる気もします。ただ、そんな夢のような方法があるのに、どうして世の中では、そういうお話を聞くことが少ないのでしょうか？　不思議でたまりません。

A

欧米では考え方が合理的なので、脳育には食品が関係しているとわかってきていて、優秀な子どもを産みたい人は、精子を買い、妊娠の2年前から食べものを選んでいたりします。胎教より進んだ「マイナス2年教育」です。

本文中で紹介した、ロジャー・ウィリアムズ博士は、マウスを使った実験で、餌の質(量ではなく質です)の違いが、体格や内臓のみならず、知的能力にもはっきりとした違いがあると、30年以上も前から著書に記しています。

また、妊婦の食事は生まれてくる子どもの健康と能力に大きく関係しているし、生後の栄養も脳の発達に影響している、と発表されています。

そのため、**栄養素のことを学んでいるアロエベラジュースの愛用者の中では、食べものが能力にも関係していることは、当たり前の話**となっています。

しかし、大半の日本人はそんな話を聞いても信じないのでしょう。医者の言うことや科学的に証明されたとされることなど、権威が好きです。食品の力、自然治癒力など信じないので、本気で取り組む人もほとんどいないのが現実で、もったいないです。

やったもの勝ちなのに、と私はいつも思います。

Q

直接に田中さんのお話を聞く機会というのはあるのでしょうか。また、個人的に相談してアドバイスをいただきたいのですが、可能でしょうか？

A

私は定期的にセミナーをしております。子育てや子どもの教育に関する内容をテーマとしています。

そこでは、半分が体験から学んだこと、半分が実践的な脳育の働きかけのアイデアの話です。ぜひご参加ください。

お問い合わせは巻末のメールアドレスにご連絡ください。

Q

家庭で親が子どもの勉強を見てあげるというのは理想的なことだと思います。中学受験を終えて、中学・高校に入っても親が勉強を見てあげるというのは過保護になってしまうのでしょうか？

A

過保護と親切は違います。

できることなのにやってあげるのは過保護ですが、**できないことや困っていることに手を貸すのは親切**です。人は親切を受けると感謝が生まれます。感謝が生まれた人は人に親切にするようになります。

勉強を見てほしいと子どもに言われたのなら、見てあげたらいいと思うし、勉強に限らず、大人から見て教えてあげられることがある時には教えてあげるのが、近くにいる大人の役目ではないでしょうか？

「過保護」と「親切」「手助け」の区別がつかなくて不親切になっている方を多く見かけます。本当にしてあげられない時は仕方ないにしても、子どもが一生懸命やっていたり、目標を持ってやっている時は、できることをしてあげたいと思うのは親心だと思うし、それを受けた子どもの心には温かいものが残ると信じています。

Q

「いい頭をつくる食品」ですが、子どもが食べようとしなかったり、家族の中で反対者が出るような場合には、どうしたらいいのでしょうか。教えてください。

A

本当にどうしたいか、もう一度考えてください。

「子どもが食べない」という問題は、こちらが諦めなければ、必ず食べてくれます。

家族に反対される、という問題については、まず、自分がどうしたいかを考えてください。反対されて諦めるようでは、本当にやりたかったことではないのだと思います。

反対されても子どものために頑張れますか？

家族、だいたいがご主人のパターンが多いですが、反対されることはよくあります。

男の人は女より「命を守る」ということには疎いし、自分以外の人の話を聞いてきて信じた奥様に一言、言いたい気持ちがあるようです。

ご主人やご家族が、この食品の話を直接聞いてくだされば一番いいのですが、それも難しいようです。

また、問題は「いい頭をつくる食品」にあるのではなくて、そのご家族との信頼関係にあると思います。反対されるということは、結局、信じてくれていないのです。でも、その関係を改善するには時間がかかりすぎるし、その間に子どもは大きくなってしまいますから、そこは諦めて、信じてもらえてなくても許してもらうように、話し合いましょう。

私も大反対されました。全くだめでした。でも私の場合はそんなことに構ってはいられないし、夫に怒られることより、子どもが心配な状態にあることの方が嫌だったので、何を言われても、されても、引き下がることはできませんでした。

私がいつもアドバイスする言葉は、

「子どもの頭を良くしたい、という思いは、私たち母親のわがままです。ご主人やお子さんは、そんな特別なものを食べてまで頭を良くしたいと思っていないのです。**私たちがそのわがままを叶えさせてほしいと思っているなら、心をこめて、ご主人やご家族やお子さんに、『お願い』してみてください。**何回でも何回でも、心からお願いしてください。プライドがあってお願いできないのであれば、それは本心からどうしてもしたいことではないかもしれませんよ」
皆さんのチャレンジが成功して、親子で喜べる日がくることをお祈りいたします。

❖著者略歴

田中真紀（たなか・まき）

神奈川県茅ヶ崎市生まれ。

バブル時代にIT企業でシステムエンジニアとして勤務したのち結婚・退職し、一児の母となる。

息子が小学校1年生で発達障害と診断されるが、オリジナルな家庭での働きかけと「いい頭をつくる方法」を見つけて実践。

息子は有名私立中高一貫校に合格し、筑波大学卒業後、京都大学大学院修了。

わが子以外にも個人指導で預かった子をその子に合ったやり方で中学受験に多数合格させた実績がある。育てにくかった息子を京大生に育てた、その実体験から知り得たことを伝えるセミナー「子育てレシピ」を東京の世田谷区内で15年以上毎月開催し、多くの母親たちをサポートしている。

◇著者メールアドレス　maki.t.3000@gmail.com

子育てレシピ

健全な脳を育む働きかけ

二〇一九年 二月二一日 初版第一刷発行
二〇二一年一二月二〇日 初版第三刷発行

著　者　田中真紀
発行者　森下紀夫
発行所　論創社
〒101－0051
東京都千代田区神田神保町二－二三　北井ビル
Tel. 03-3264-5254　Fax. 03-3264-5232
web. http://www.ronso.co.jp/
振替口座　00160-1-155266

編集・組版・装幀　永井佳乃
印刷・製本　中央精版印刷

ISBN978-4-8460-1758-3